NARCÓTICOS ANÓNIMOS

Narcóticos Anónimos
Titulo Original: Narcotics Anonymous
Traducción por Narcóticos Anónimos

© Copyright 1954 por Narcotics Anonymous
Publicado por Snowball Publishing

Fax: 1 (815)6428329

Contacto: info@snowballpublishing.com

www.snowballpublishing.com

Diseño Portada: Talia Kaff

OTRAS PUBLICACIONES DE LA OFICINA DE SERVICIO MUNDIAL DE NA

Funciona: cómo y por qué
Sólo por hoy, Revisado
Guías para trabajar los pasos de NA
El padrinazgo
Guía de introducción a NA, Revisado
Librito blanco
Guía del grupo (Versión Revisada)
Entre rejas
Cuando estamos enfermos
Los Doce Conceptos de servicio en NA
NA: Un recurso en su comunidad
Quién, qué, cómo y por qué (IP #1)
El grupo (IP #2)
Otro punto de vista (IP #5)
La recuperación y la recaída (IP #6)
¿Soy adicto? (IP #7)
Sólo por hoy (IP #8)
Vivir el programa (IP #9)
Guía para trabajar el Cuarto Paso de NA (IP #10)
El padrinazgo, Revisado (IP #11)
El triángulo de la autoobsesión (IP #12)
Juventud y recuperación (IP #13)
La experiencia de un adicto con la aceptación, la fe... (IP #14)
La información pública y el miembro de NA (IP #15)
Para el recién llegado (IP #16)
Para quienes están en centros de tratamiento (IP #17)
La autoaceptación (IP #19)
Servicio de hospitales e instituciones y el miembro de NA (IP #20)
El solitario; mantenerse limpio en solitario (IP #21)
Bienvenido a Narcóticos Anónimos (IP #22)
Mantenerse limpio en la calle (IP #23)
«¡Oye! ¿Para qué es la Séptima Tradición?» (IP #24)
Mantenernos con los propios recursos: principio y práctica (IP #25)

ÍNDICE

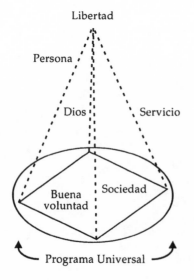

Libertad

Persona

Dios

Servicio

Buena voluntad

Sociedad

Programa Universal

Libertad

Persona

Dios

Sociedad

Buena voluntad

Servicio

®

Programa Universal

NUESTRO SÍMBOLO

La sencillez es la clave de nuestro símbolo; sigue el ejemplo de nuestra confraternidad. Se le pueden atribuir todo tipo de connotaciones ocultas y esotéricas, pero ilustra sobre todo los conceptos y las relaciones fáciles de entender que prevalecen en el espíritu de la confraternidad.

El círculo exterior representa un programa universal y completo en el que hay espacio para todas las manifestaciones de la persona en recuperación.

El cuadrado, de líneas definidas, se ve y se comprende fácilmente, pero en el símbolo hay partes invisibles. La base cuadrada representa la buena voluntad, fundamento de la confraternidad y los miembros de la sociedad. El servicio es la mejor expresión de la buena voluntad y servir adecuadamente es «hacer lo correcto por el motivo correcto». Cuando la buena voluntad apoya y motiva al individuo y a la confraternidad, somos completamente íntegros y enteramente libres. Es probable que lo último que se pierda para alcanzar la libertad sea el estigma de ser adicto.

Los cuatro lados de la pirámide, que se elevan de la base formando una figura tridimensional, representan la persona, la sociedad, el servicio y a Dios. Estos elementos convergen en el vértice de la libertad. Todas estas partes están estrechamente relacionadas con las necesidades y las metas del adicto en busca de recuperación y con el propósito de la confraternidad que consiste en poner la recuperación al alcance de todos. Cuanto más grande sea la base (a medida que crecemos en unidad, en número y en espíritu de compañerismo), más anchos serán los lados de la pirámide y más alto el punto de la libertad.

PREFACIO

«El fruto maduro de un trabajo de amor se recoge en la cosecha, y ésta siempre llega en la estación adecuada...»

El material para este libro fue extraído de las experiencias personales de los adictos de la Confraternidad de Narcóticos Anónimos. Este Texto Básico deriva a grandes rasgos de nuestro «libro blanco», *Narcóticos Anónimos*. Los primeros ocho capítulos desarrollan los temas abordados en el libro blanco y llevan el mismo título. Se ha añadido un noveno capítulo, «Sólo por hoy», así como un décimo, «Algo más será revelado». He aquí una breve historia del libro.

Narcóticos Anónimos se formó en julio de 1953 y la primera reunión se celebró en el sur de California. La confraternidad creció de forma irregular, pero rápidamente se extendió a distintas partes de los Estados Unidos. Desde sus comienzos se hizo evidente la necesidad de un libro sobre la recuperación que ayudara a fortalecer la confraternidad. El libro blanco, *Narcóticos Anónimos*, se publicó en 1962.

Sin embargo, la confraternidad todavía estaba poco estructurada y la década de los sesenta fue un período de lucha. El número de miembros aumentó rápidamente durante un tiempo y luego comenzó a disminuir. La necesidad de una dirección más específica era evidente. N.A. demostró su madurez en 1972 cuando se abrió la Oficina de Servicio Mundial (OSM; World Service Office, WSO) en Los Angeles. La WSO (OSM) ha proporcionado a la confraternidad la unidad y el objetivo común necesarios.

La apertura de la WSO (OSM) aportó estabilidad al crecimiento de la confraternidad. Hoy en día hay adictos en recuperación en miles de reuniones en los Estados Unidos y en muchos otros países. La Oficina de Servicio Mundial está verdaderamente al servicio de una confraternidad mundial. Narcóticos Anónimos siempre ha reconocido la necesidad de publicar un Texto Básico completo sobre la adicción; un libro sobre adictos, escrito por adictos para los adictos.

Este esfuerzo, tras la formación de la WSO (OSM), se vio reforzado con la publicación de *The N.A. Tree* («El árbol de N.A.»), un folleto sobre el trabajo de servicio, primer manual de la confraternidad. Fue seguido de otras obras más completas que finalmente dieron como resultado el *Manual de servicio de N.A.*

En este manual se describía la estructura de servicio que incluía una Conferencia de Servicio Mundial (World Service Conference; WSC). Esta Conferencia tenía a su vez un Comité de Literatura. Con el apoyo de la WSO (OSM), algunos miembros de la Junta de Custodios y la Conferencia, se inició el trabajo.

El Comité de Literatura de la Conferencia de Servicio Mundial comenzó a desarrollarse a medida que la necesidad de literatura —especialmente de un texto completo— aumentaba. En octubre de 1979 se celebró la primera Conferencia Mundial de Literatura en Wichita (Kansas), seguida de otras en Lincoln (Nebraska), Memphis (Tennessee), Santa Mónica (California), Warren (Ohio) y Miami (Florida).

El Comité de Literatura de la Conferencia de Servicio Mundial, trabajando individualmente y en grupo, ha reunido cientos de páginas de material procedente de miembros y grupos de toda la confraternidad. Este material ha sido laboriosamente catalogado, revisado, agrupado, dividido y reordenado. Las decenas de representantes de área y regionales que trabajaron con el Comité de Literatura han dedicado miles de horas para producir el trabajo que presentamos aquí. Lo más importante es que todos ellos procuraron concienzudamente asegurar un texto que refleje una «conciencia de grupo».

En armonía con el espíritu del anonimato, los miembros del Comité de Literatura de la Conferencia Mundial de Servicio consideramos que nos corresponde expresar nuestro agradecimiento y aprecio a la confraternidad en su conjunto, especialmente a todos los que aportaron material para incluir en este libro. Creemos que esta obra es una síntesis de la conciencia colectiva de grupo de la confraternidad y que cada una de las ideas propuestas están presentes en este trabajo de una forma u otra.

Esta obra procura ser un libro de texto para todos los adictos en busca de recuperación. Como adictos, sabemos lo que es el dolor de la adicción, pero también conocemos la alegría de la recuperación descubierta en la Confraternidad de Narcóticos Anónimos. Creemos que ha llegado el momento de compartir nuestra recuperación por escrito con todos aquellos que deseen lo que hemos encontrado. Así pues, el presente libro está dedicado a informar a cada adicto que:

¡SÓLO POR HOY, NO TIENES POR QUÉ
VOLVER A CONSUMIR!

Por lo tanto,

Con gratitud por nuestra recuperación, dedicamos nuestro libro de N.A. al servicio bondadoso de nuestro Poder Superior. Para que a través del desarrollo de un contacto consciente con Dios, ningún adicto que desee recuperarse tenga que morir sin haber tenido la oportunidad de encontrar una forma de vida mejor.

Sirviendo con gratitud y cariño, y a vuestra disposición como servidores de confianza,

COMITÉ DE LITERATURA
CONFERENCIA MUNDIAL DE SERVICIO
NARCÓTICOS ANÓNIMOS

No podemos cambiar la naturaleza del adicto ni de la adicción; pero podemos ayudar a cambiar la vieja mentira, "adicto una vez, adicto para siempre", esforzándonos en poner la recuperación al alcance de todos. Que Dios nos ayude a recordar esta diferencia.

INTRODUCCIÓN

Este libro es un compendio de la experiencia compartida en Narcóticos Anónimos. Te invitamos a leerlo y esperamos que decidas compartir con nosotros esta nueva vida que hemos descubierto. No hemos hallado ninguna cura para la adicción; sólo ofrecemos un plan de eficacia comprobada para la recuperación diaria.

En N.A. seguimos un programa adaptado de Alcohólicos Anónimos. En A.A. se han recuperado más de un millón de personas, la mayoría de ellas tan desesperadamente adictas al alcohol como nosotros a las drogas. Estamos agradecidos a Alcohólicos Anónimos por habernos mostrado el camino hacia una nueva vida.

Los Doce Pasos de Narcóticos Anónimos, adaptados de A.A., son la base de nuestro programa de recuperación. Solamente hemos ampliado su perspectiva. Seguimos el mismo camino con una única excepción: nuestra identificación como adictos incluye cualquier sustancia que altere la mente y cambie el estado de ánimo. Alcoholismo es un término demasiado limitado para nosotros; nuestro problema no es una sustancia específica, sino una enfermedad llamada adicción. Creemos que como confraternidad hemos sido guiados por una Conciencia Superior y estamos agradecidos por la orientación que nos ha permitido basarnos en un programa de recuperación de eficacia comprobada.

Llegamos a Narcóticos Anónimos de distintas formas y creemos que nuestro denominador común es haber fracasado en ponernos de acuerdo con nuestra adicción. Debido a la variedad de adictos que forman parte de nuestra confraternidad, las soluciones contenidas en este libro se abordan

XIII

en términos generales. Esperamos haber sido minuciosos y rigurosos, para que todo adicto que lo lea encuentre la esperanza que hemos hallado nosotros.

Según nuestra experiencia, creemos que todos los adictos, incluyendo los adictos en potencia, sufren una enfermedad incurable que afecta el cuerpo, la mente y el espíritu. Estamos en las garras de un dilema desesperado cuya solución es de naturaleza espiritual. Por lo tanto, este libro tratará de cuestiones espirituales.

No somos una organización religiosa. Nuestro programa consiste en una serie de principios espirituales a través de los cuales nos recuperamos de un estado físico y mental aparentemente irremediable. A lo largo de todo el proceso de recopilación de este trabajo, hemos elevado la siguiente plegaria:

"DIOS, concédenos la sabiduría para que podamos escribir según tus divinos preceptos, Ayúdanos a comprender tu propósito. Haznos servidores de tu voluntad y concédenos la necesaria abnegación para que ésta sea realmente tu obra y no la nuestra, de modo que ningún adicto, dondequiera que esté, deba morir a consecuencia de los horrores de la adicción."

Todo lo que ocurra en el transcurso del servicio de N.A. debe estar motivado por el deseo de llevar mejor el mensaje de recuperación al adicto que todavía sufre. Por esta razón empezamos esta obra. Es preciso que siempre tengamos presente que como miembros, grupos y comités de servicio no somos ni debemos ser nunca competitivos entre nosotros. Trabajamos, tanto juntos como separados, para ayudar al recién llegado y por nuestro bienestar común. Hemos aprendido, dolorosamente, que las luchas internas debilitan nuestra confraternidad y nos impiden proporcionar los servicios necesarios para el crecimiento.

Esperamos que este libro ayude al adicto que sufre a encontrar la solución que nosotros hemos hallado. Nuestro propósito es mantenernos limpios, sólo por hoy, y llevar el mensaje de recuperación.

LIBRO PRIMERO

NARCÓTICOS ANÓNIMOS

Se han escrito muchos libros sobre la naturaleza de la adicción. Este libro se ocupa sobre todo de la naturaleza de la recuperación. Si eres adicto y te has encontrado con él, puedes darte una oportunidad y leerlo.

CAPÍTULO UNO

¿QUIÉN ES UN ADICTO?

La mayoría no tenemos que pensar dos veces esta pregunta. ¡Conocemos la respuesta! Toda nuestra vida y nuestros pensamientos giraban, de una u otra forma, en torno a las drogas, cómo obtenerlas, cómo consumirlas y el modo de conseguir más. Vivíamos para consumirlas y las consumíamos para vivir. En síntesis, una persona adicta es aquella cuya vida está controlada por las drogas. Estamos en las garras de una enfermedad crónica y progresiva que nos arrastra invariablemente a los mismos lugares: cárceles, hospitales y la muerte.

Los que hemos encontrado el Programa de Narcóticos Anónimos no tenemos que pensar dos veces la pregunta: "¿Quién es un adicto?" ¡Lo sabemos! A continuación relatamos nuestra experiencia.

Los adictos somos personas en las cuales el consumo de cualquier sustancia que altere la mente o cambie el estado de ánimo produce problemas en todas las áreas de la vida. La adicción es una enfermedad que abarca más que el consumo de drogas. Algunos creemos que ya estaba presente mucho antes de consumir por primera vez.

La mayoría no nos considerábamos adictos antes de llegar al Programa de Narcóticos Anónimos. Recibíamos la información de personas mal informadas. Siempre que pudiéramos dejar de consumir por un tiempo, pensábamos que estábamos bien, porque centrábamos nuestra atención en cómo parábamos y no en cómo consumíamos. A medida que nuestra adicción avanzaba, pensábamos cada vez menos en parar. Sólo cuando estábamos desesperados nos preguntábamos: "¿Serán las drogas?"

No elegimos convertirnos en adictos. Sufrimos una enfermedad que tiene manifestaciones antisociales que dificultan su detección, diagnóstico y tratamiento.

Nuestra enfermedad nos aislaba de los demás, excepto cuando buscábamos drogas, consumíamos y buscábamos formas y medios de conseguir más. Éramos hostiles, rencorosos, egocéntricos, egoístas y nos aislábamos del mundo exterior. Cualquier cosa un poco desconocida se convertía en algo extraño y peligroso. Nuestro mundo se encogió y el aislamiento se convirtió en nuestra vida. Consumíamos para sobrevivir; era la única forma de vida que conocíamos.

Algunos usamos y abusamos de las drogas, aun así no nos considerábamos adictos y seguíamos repitiéndonos: "Puedo controlarlo." Nuestros conceptos equivocados sobre la naturaleza de la adicción estaban llenos de imágenes de violencia y delincuencia en las calles, agujas sucias y cárceles.

Cuando trataban nuestra adicción como un delito o una deficiencia moral, nos rebelábamos y nos aislábamos aún más. Algunas veces nos drogábamos y nos sentíamos bien, pero con el tiempo, las cosas que tuvimos que hacer para seguir consumiendo fueron un reflejo de nuestra desesperación. Estábamos en las garras de nuestra enfermedad. Nos veíamos obligados a sobrevivir como podíamos. Manipulábamos a las personas y tratábamos de controlar todo lo que nos rodeaba. Mentíamos, robábamos, engañábamos y nos vendíamos. Teníamos que tener drogas a toda costa. El fracaso y el miedo empezaron a invadir nuestra vida.

Uno de los aspectos de nuestra adicción era nuestra incapacidad para tratar con la vida tal cual es. Probábamos drogas y combinaciones de drogas para hacer frente a un mundo aparentemente hostil. Soñábamos con encontrar la fórmula mágica que resolviera nuestro problema principal: nosotros mismos. La verdad era que no podíamos consumir

con éxito ninguna sustancia que alterara la mente o el estado
de ánimo, incluyendo la marihuana y el alcohol. Las drogas
ya no nos hacían sentir bien.

A veces nos poníamos a la defensiva sobre nuestra adicción
y justificábamos nuestro derecho a consumir, especialmente
cuando teníamos recetas médicas legales. Nos sentíamos
orgullosos de la conducta, a veces ilegal y con frecuencia
extravagante, que caracterizaba nuestro consumo. Nos
"olvidábamos" de las veces que nos quedábamos solos
carcomidos por el miedo y la autocompasión. Caímos en un
esquema de pensamientos selectivos. Sólo nos acordábamos
de las buenas experiencias con las drogas. Buscábamos excusas
y justificábamos las cosas que hacíamos para evitar estar
enfermos o volvernos locos. Ignorábamos los momentos en que
la vida parecía una pesadilla. Evitábamos la realidad de nuestra
adicción.

Las funciones mentales y emocionales más elevadas, como
la conciencia y la capacidad de amar, estaban seriamente
afectadas por nuestro consumo de drogas. El arte de vivir se
había reducido a un nivel animal. Nuestro espíritu estaba hecho
pedazos y habíamos perdido la capacidad de sentirnos
humanos. Parece una exageración, pero muchos hemos estado
en este estado mental.

Buscábamos la solución constantemente: aquella persona,
aquel lugar o aquella cosa que lo arreglara todo. Nos faltaba
la capacidad para hacer frente a la vida cotidiana. Muchos de
nosotros, a medida que nuestra adicción avanzaba, empezamos
a entrar y salir de diferentes instituciones.

Estas experiencias indicaban que algo no funcionaba bien
en nuestra vida. Queríamos una salida fácil. Algunos pensamos
en el suicidio. Nuestros intentos generalmente eran ineficaces
y contribuían a que nos sintiéramos más inútiles aún.
Estábamos atrapados en la ilusión de "qué pasa si . . .",
"ojalá . . .", "sólo una vez más". Cuando buscábamos ayuda
lo único que queríamos era no sentir dolor.

Muchas veces recuperamos nuestra salud física, únicamente para volver a perderla consumiendo. Nuestra experiencia nos demuestra que es imposible que podamos consumir con éxito. Aunque parezca que lo controlemos bien, el consumo de drogas siempre nos derrota.

La adicción, como otras enfermedades incurables, puede detenerse. Estamos de acuerdo en que ser adicto no tiene nada de vergonzoso, siempre y cuando aceptemos nuestro dilema honestamente y tomemos medidas positivas. Estamos dispuestos a admitir sin reservas que somos alérgicos a las drogas y el sentido común nos dice que sería cosa de locos volver a la causa de nuestra alergia. La experiencia nos indica que la medicina no puede curar nuestra enfermedad.

Aunque la tolerancia física y mental jueguen un papel, muchas drogas no requieren un período prolongado para provocar reacciones alérgicas. Lo que nos hace adictos es nuestra reacción a las drogas, no la cantidad que consumimos.

Muchos creíamos no tener problemas de drogas hasta que éstas se nos acabaron. Aunque nos dijeran que teníamos un problema, estábamos convencidos de que teníamos razón y los demás estaban equivocados. Utilizábamos esta idea para justificar nuestro comportamiento autodestructivo. Desarrollamos un modo de ver las cosas que nos permitiera continuar con nuestra adicción sin preocuparnos del bienestar ajeno ni del nuestro. Empezamos a sentir que las drogas nos estaban matando mucho antes de reconocerlo ante los demás. Descubrimos que si tratábamos de dejar de consumir, no podíamos. Sospechábamos que habíamos perdido el control sobre las drogas, que no podíamos parar.

Conforme avanzaba nuestro consumo empezaron a aparecer ciertas cosas. Nos acostumbramos a un estado mental común a los adictos. Olvidamos cómo era todo antes de empezar a consumir. Olvidamos los comportamientos sociales. Adquirimos costumbres y poses extrañas. Nos olvidamos de cómo trabajar y divertirnos. Olvidamos cómo expresarnos y cómo demostrar interés por los demás. Nos olvidamos de cómo sentir.

Mientras consumíamos vivíamos en otro mundo. Percibíamos la realidad o la conciencia de nosotros mismos de forma esporádica y a sacudidas. Parecía que fuésemos por lo menos dos personas, como Dr. Jekyll y Mr. Hyde.* Tratábamos de organizar nuestra vida antes de volver a las andadas. Por momentos conseguíamos hacerlo bien, pero luego se convirtió en algo cada vez menos importante y más imposible. Al final, Dr. Jekyll murió y Mr. Hyde se hizo cargo de la situación.

Hay cosas que no todos hemos hecho; sin embargo, no podemos dejar que éstas se conviertan en una excusa para volver a consumir. Algunos nos sentimos solos por las diferencias que existen con respecto a otros miembros. Esta sensación hace que nos resulte difícil cortar con las viejas amistades y los viejos hábitos.

Todos tenemos diferentes grados de tolerancia al dolor. Algunos adictos necesitan llegar a extremos más agudos que otros. Algunos descubrimos que estábamos hartos cuando nos dimos cuenta de que nos drogábamos con excesiva frecuencia y que afectaba nuestra vida cotidiana.

Al principio consumíamos de una forma aparentemente social o por lo menos controlable. No teníamos muchos indicios del desastre que nos reservaba el futuro. En un momento dado, cuando las cosas todavía iban bien y estábamos en situaciones que nos permitían drogarnos con frecuencia, perdimos el control de nuestro consumo y éste se convirtió en algo antisocial. Este cambio marcó el fin de los buenos tiempos. Puede que hayamos tratado de moderar, sustituir e incluso dejar de consumir, pero pasamos de una fase de éxito y bienestar con las drogas a una completa bancarrota espiritual, mental y emocional. La velocidad de deterioro varía de un adicto a otro, pero vamos cuesta abajo, tanto si tardamos años como días. A medida que la enfermedad avanza, los que no morimos a consecuencia de ella, acabamos en la cárcel, en instituciones psiquiátricas o en la desmoralización más absoluta.

---

*Dr. Jekyll y Mr. Hyde simbolizan dos personalidades opuestas —el bien y el mal— en la misma persona.

Las drogas nos habían dado la sensación de poder manejar cualquier situación que surgiera. Sin embargo comprendimos que el consumo de éstas era en gran parte el responsable de nuestros problemas más desesperados. Quizás algunos tengamos que pasar el resto de nuestra vida en la cárcel por algún delito relacionado con las drogas.

Antes de estar dispuestos a parar, tuvimos que tocar fondo. En la última fase de nuestra adicción, por fin nos sentimos motivados a buscar ayuda. En aquel momento nos resultó más fácil ver la destrucción, el desastre y el engaño de nuestro consumo. Cuando los problemas nos miraban cara a cara, era más difícil negar nuestra adicción.

Algunos vimos primero los efectos de la adicción en las personas más cercanas. Dependíamos mucho de ellas y cuando encontraban otros intereses, amigos o seres queridos, nos enfadábamos y nos sentíamos decepcionados y dolidos. Nos arrepentíamos del pasado, temíamos al futuro y el presente no nos entusiasmaba demasiado. Tras años de búsqueda, éramos más infelices y estábamos menos satisfechos que al principio.

Nuestra adicción nos esclavizaba. Éramos prisioneros de nuestra propia mente y nuestra culpabilidad nos condenaba. Perdimos las esperanzas de poder dejar de consumir alguna vez. Nuestros intentos de mantenernos limpios siempre fracasaban, causándonos dolor y sufrimiento.

Los adictos tenemos una enfermedad incurable llamada adicción que es crónica, progresiva y mortal; sin embargo, se puede tratar. Creemos que cada individuo es quien debe responder a la pregunta: "¿Soy adicto?" Saber cómo contrajimos la enfermedad no tiene una importancia inmediata; lo que nos interesa es la recuperación.

Empezamos a tratar nuestra adicción dejando de consumir. Muchos buscamos respuestas pero no hallamos ninguna solución que nos diera resultado hasta que nos encontramos unos con otros. Cuando nos identificamos como adictos, la ayuda se hace posible. Podemos ver un poco de nosotros mismos en cada adicto y viceversa. Esta comprensión permite que nos ayudemos mutuamente. Nuestro futuro parecía desesperado hasta que encontramos adictos limpios dispuestos a compartir con nosotros. La negación de nuestra adicción nos mantuvo enfermos, pero aceptarla honestamente, nos permitió dejar de consumir. Las personas de Narcóticos Anónimos nos dijeron que eran adictos en recuperación que habían aprendido a vivir sin drogas. Si ellos podían hacerlo, nosotros también podríamos.

Las únicas alternativas a la recuperación son las cárceles, los hospitales, el abandono y la muerte. Desgraciadamente, la enfermedad nos hace negar nuestra adicción. Si eres adicto, puedes descubrir una nueva forma de vida a través del Programa de N.A. A lo largo de nuestra recuperación nos sentimos cada vez más agradecidos. Nuestra vida se ha convertido en algo útil mediante la abstinencia y la práctica de los Doce Pasos de Narcóticos Anónimos.

Sabemos que nunca nos curaremos y que viviremos siempre con la enfermedad. Sí, tenemos una enfermedad pero nos recuperamos. Cada día se nos da una nueva oportunidad. Estamos convencidos de que para nosotros sólo hay una manera de vivir: la manera de N.A.

CAPÍTULO DOS

¿QUÉ ES EL PROGRAMA DE NARCÓTICOS ANÓNIMOS?

N.A. es una confraternidad o asociación sin ánimo de lucro compuesta por hombres y mujeres para quienes las drogas se habían convertido en un problema muy grave. Somos adictos en recuperación y nos reunimos con regularidad para ayudarnos a permanecer "limpios". Este es un programa de abstinencia completa de todo tipo de drogas. Sólo hay un requisito para ser miembro: el deseo de dejar de consumir. Sugerimos que mantengas una mente abierta para poder aprovechar esta oportunidad. Nuestro programa consiste en una serie de principios escritos de forma sencilla a fin de poder seguirlos diariamente. Lo más importante es que ¡funcionan!

En N.A. no te verás obligado a nada. No estamos afiliados a ninguna otra organización, no tenemos cuotas de inscripción ni se pagan honorarios, no obligamos a nadie a que firme ningún documento ni a que haga promesa alguna. No estamos asociados a ningún grupo político, religioso ni policial, y no estamos sometidos a la vigilancia de nadie. Cualquier persona puede unirse a nosotros sin que importe su edad, raza, identidad sexual, credo, religión ni la falta de esta última.

No nos interesa saber qué droga consumías ni qué cantidad, con quién te relacionabas, qué has hecho en el pasado, lo mucho o lo poco que tienes, sólo queremos saber qué quieres hacer con tu problema y cómo podemos ayudarte. El recién llegado es la persona más importante en nuestras reuniones, porque sólo podemos conservar lo que tenemos en la medida en que lo compartimos con otras personas. Nuestra experiencia colectiva nos ha enseñado que las personas que asisten a nuestras reuniones con regularidad se mantienen limpias.

Narcóticos Anónimos es una confraternidad de hombres y mujeres que están aprendiendo a vivir sin drogas. Somos una asociación sin fines de lucro y no tenemos ningún tipo de cuotas ni honorarios. Cada uno de nosotros ya ha pagado con su dolor el precio para ser miembro y tener derecho a recuperarse.

Somos adictos que pese a todos los pronósticos hemos logrado sobrevivir y nos reunimos regularmente. Somos sensibles cuando alguien comparte honestamente y escuchamos el mensaje de recuperación en las historias de nuestros miembros. Por fin nos damos cuenta de que hay esperanza para nosotros.

Empleamos las herramientas que han utilizado otros adictos en recuperación para aprender a vivir sin drogas en N.A. Los Doce Pasos son dichas herramientas positivas que hacen posible nuestra recuperación. Nuestro propósito primordial es mantenernos limpios y llevar el mensaje al adicto que todavía sufre. Nos une el problema común de la adicción. Reuniéndonos, hablando y ayudando a otros adictos, somos capaces de mantenernos limpios. El recién llegado es la persona más importante en cualquier reunión, porque sólo podemos conservar lo que tenemos compartiéndolo.

Narcóticos Anónimos tiene muchos años de experiencia con cientos de miles de adictos. Esta experiencia de primera mano en todas las fases de la enfermedad y la recuperación tiene un valor terapéutico sin igual. Estamos aquí para compartir desinteresadamente con cualquier adicto que desee recuperarse.

Nuestro mensaje de recuperación se basa en nuestra experiencia. Antes de llegar a la confraternidad nos agotamos intentando consumir con éxito y preguntándonos qué era lo que funcionaba mal en nosotros. Al llegar a Narcóticos Anónimos nos encontramos con un grupo de personas muy especiales que habían sufrido como nosotros y habían descubierto la recuperación. En sus experiencias, libremente compartidas, hallamos la esperanza necesaria. Si el programa les funcionaba a ellos, también nos funcionaría a nosotros.

El único requisito para ser miembro es el deseo de dejar de consumir. Hemos visto que este programa le funciona a cualquier miembro que honesta y sinceramente quiera parar. No hace falta que estemos limpios cuando llegamos, pero después de la primera reunión sugerimos a los nuevos que sigan viniendo y que lo hagan limpios. No hay que esperar una sobredosis o una condena para recibir la ayuda de Narcóticos Anónimos. La adicción no es un estado sin esperanzas del cual no es posible recuperarse.

Conocemos adictos como nosotros que están limpios. Los observamos, escuchamos y nos damos cuenta de que han encontrado una forma de vivir y gozar de la vida sin drogas. No debemos conformarnos con las limitaciones del pasado. Podemos examinar y reexaminar nuestras viejas ideas, mejorarlas constantemente o reemplazarlas por otras nuevas. Somos hombres y mujeres que hemos descubierto y admitido nuestra impotencia ante la adicción. Cuando consumimos, perdemos.

Cuando descubrimos que no podíamos vivir ni con drogas ni sin ellas, en lugar de prolongar nuestro sufrimiento buscamos ayuda a través de Narcóticos Anónimos. El programa obra milagros en nuestra vida; nos convertimos en personas diferentes. Trabajar los pasos y mantener una abstinencia continua nos indulta diariamente de la cadena perpetua a la que nos habíamos condenado. Nos convertimos en personas libres para vivir.

Queremos que nuestro lugar de recuperación sea seguro y esté libre de influencias externas. Para la protección de la confraternidad, insistimos en que no se traiga a las reuniones droga alguna ni material relacionado con la misma.

Dentro de la confraternidad, nos sentimos en la más plena libertad para expresarnos porque no tenemos ningún vínculo con la policía. Nuestras reuniones tienen un ambiente de identificación. De acuerdo con los principios de la recuperación, tratamos de no juzgar, poner etiquetas ni moralizar. Nadie nos reclutó y ser miembro es gratis. N.A. no ofrece asesoramiento ni servicios sociales.

Nuestras reuniones son un proceso de identificación, esperanza y participación. El corazón de N.A. late cuando dos adictos comparten su recuperación. Lo que hacemos se convierte en realidad cuando lo compartimos y en las reuniones habituales todo esto sucede en mayor escala. Una reunión tiene lugar cuando dos o más adictos se encuentran para ayudarse mutuamente a permanecer limpios.

Al principio de la reunión leemos literatura de N.A. que está a disposición de todos. Algunas reuniones tienen oradores, discusiones sobre un tema fijo o ambas cosas a la vez. Las reuniones cerradas son sólo para adictos o para aquellos que crean tener un problema con las drogas. Las reuniones abiertas acogen a toda persona que desee conocer nuestra confraternidad. El ambiente de recuperación se protege por medio de las Doce Tradiciones. Nos autofinanciamos completamente con las contribuciones voluntarias de nuestros miembros. Independientemente del lugar donde se realicen nuestras reuniones, no estamos afiliados a ninguna organización. Las reuniones proporcionan un lugar para estar con otros adictos. Lo único que hace falta para celebrarlas son dos adictos que se interesen y compartan.

Nos abrimos a nuevas ideas. Hacemos preguntas. Compartimos lo que hemos aprendido sobre la forma de vivir sin drogas. Aunque al principio los Doce Pasos nos parezcan extraños, lo más importante es que funcionan. Nuestro programa es una forma de vida. Al asistir a las reuniones, trabajar los pasos y leer la literatura de N.A., aprendemos el valor de principios espirituales tales como la entrega, la humildad y el servicio. Si nos mantenemos abstinentes de sustancias que alteren la mente y el estado de ánimo y practicamos los pasos para sostener nuestra recuperación, descubrimos que nuestra vida mejora a paso seguro. Vivir este programa nos proporciona una relación con un Poder superior a nosotros mismos, corrige defectos y nos lleva a ayudar a otras personas. Allí donde hubo una ofensa, el programa nos enseña el espíritu del perdón.

Se han escrito muchos libros sobre la naturaleza de la adicción. Este libro se ocupa de la naturaleza de la recuperación. Si eres adicto y te has encontrado con él, puedes darte una oportunidad y leerlo.

CAPÍTULO TRES
¿POR QUÉ ESTAMOS AQUÍ?

Antes de llegar a N.A. no podíamos con nuestra vida. No podíamos vivir ni gozar de la vida como lo hacen otros. Teníamos que tener algo diferente y pensábamos haberlo encontrado en las drogas. Anteponíamos su consumo al bienestar de nuestras familias, parejas e hijos. Teníamos que tener drogas a toda costa. Hicimos daño a muchas personas, pero sobre todo nos lo hicimos a nosotros mismos. Debido a nuestra incapacidad para aceptar las responsabilidades personales, nos creábamos nuestros propios problemas. Parecíamos incapaces de afrontar la vida tal como es.

La mayoría nos dimos cuenta de que con nuestra adicción nos estábamos suicidando lentamente; pero la adicción es un enemigo de la vida tan astuto, que habíamos perdido la fuerza para poder detenernos. Muchos terminamos en la cárcel o buscamos ayuda en la medicina, la religión o la psiquiatría. Ninguno de estos métodos nos bastó. Nuestra enfermedad siempre reaparecía o seguía avanzando hasta que, desesperados, buscamos ayudarnos los unos a los otros en Narcóticos Anónimos.

Después de llegar a N.A. nos dimos cuenta de que estábamos enfermos. Padecemos una enfermedad que no tiene cura conocida. Sin embargo, puede detenerse en un momento dado y la recuperación es entonces posible.

Somos adictos en busca de recuperación. Consumíamos drogas para esconder nuestros sentimientos y hacíamos lo que fuera necesario para conseguirlas. Muchos nos despertábamos enfermos, éramos incapaces de ir a trabajar o íbamos completamente drogados. Muchos robábamos para poder mantener nuestro hábito y haciamos daño a las personas queridas. A pesar de todo, seguíamos diciéndonos: "Puedo controlarlo". Buscábamos una salida. No podíamos enfrentarnos a la vida tal como es. Al principio, consumir era divertido. Luego se convirtió en un hábito y por último en algo indispensable para sobrevivir. No veíamos la progresión de la enfermedad. Seguimos el camino de la destrucción sin saber adónde nos estaba llevando. Éramos adictos y no lo reconocíamos. Con las drogas tratábamos de evitar la realidad, el dolor y el sufrimiento. Cuando desaparecía el efecto continuábamos con los mismos problemas, es más, incluso empeoraban. Buscábamos alivio consumiendo sin parar, cada vez más drogas y cada vez más a menudo.

Buscamos ayuda y no la encontramos. Los médicos con frecuencia no comprendían nuestro dilema y trataban de ayudarnos con medicamentos. Nuestras parejas y seres queridos nos daban todo lo que tenían hasta quedarse sin nada, con la esperanza de que dejáramos de consumir o mejoráramos. Probamos sustituir una droga con otra pero sólo sirvió para prolongar nuestro dolor. Intentamos limitar nuestro consumo a cantidades socialmente aceptables, sin resultado alguno. El "adicto social" es algo que no existe. Algunos buscamos la solución en iglesias, religiones o sectas. Otros quisimos curarnos mediante un cambio geográfico. Culpábamos de nuestros problemas a nuestro entorno y a nuestras condiciones de vida. Tratar de resolver las dificultades cambiando de sitio nos daba la oportunidad de aprovecharnos de personas nuevas. Algunos buscamos la aprobación mediante el sexo o cambiando de amigos. Este comportamiento de permanente búsqueda de aprobación nos hundió más en la adicción. Otros probamos el matrimonio, el divorcio o el abandono. Pese a todos los intentos, no conseguimos escapar de nuestra enfermedad. Llegamos a un punto en nuestra vida en el que nos sentimos como un caso perdido. Valíamos poco y nada para la familia, los amigos y el trabajo. Muchos no teníamos trabajo ni posibilidades de conseguirlo. Cualquier tipo de éxito nos asustaba y resultaba extraño. No sabíamos qué hacer. A medida que el odio hacia nosotros mismos aumentaba, teníamos que consumir cada vez más para disfrazar nuestros sentimientos. Estábamos hartos del dolor y los problemas. Estábamos asustados y huíamos del miedo, pero fuéramos donde fuésemos lo llevábamos siempre con nosotros. Estábamos desesperados y nos sentíamos inútiles y perdidos. El fracaso se había convertido en nuestra forma de vida y la autoestima era algo inexistente. Quizás la desesperación era el sentimiento más doloroso de todos. El aislamiento y la negación de nuestra adicción nos hacían seguir cuesta abajo. Desapareció toda esperanza de mejorar. El desamparo, el vacío y el miedo se convirtieron en nuestra forma de vida. Éramos un fracaso completo. Lo que de verdad necesitábamos era un cambio completo de personalidad, modificar las pautas de conducta autodestructivas. Cuando mentíamos, engañábamos o robábamos, nos degradábamos ante nosotros mismos. Ya habíamos llenado el cupo de la autodestrucción. Comprobamos nuestra impotencia. Cuando ya nada aliviaba nuestro miedo y paranoia, tocamos fondo y estuvimos dispuestos a pedir ayuda.

Buscábamos una respuesta cuando pedimos ayuda y encontramos Narcóticos Anónimos. Llegamos a nuestra primera reunión derrotados y sin saber lo que nos esperaba. Después de haber estado en una o en varias reuniones, empezamos a sentir que los demás se preocupaban por nosotros y estaban dispuestos a ayudarnos. Aunque nuestra mente nos decía que nunca lo conseguiríamos, las personas de la confraternidad nos dieron esperanzas insistiendo en nuestras posibilidades de recuperación. Descubrimos que cualquiera de las cosas que hubiéramos pensado o hecho en el pasado, otros también las habían creído y hecho. Rodeados de otros adictos nos dimos cuenta de que ya no estábamos solos. La recuperación se hace realidad en las reuniones. Está en juego nuestra vida. Vimos que si anteponemos la recuperación a todo lo demás, el programa funciona. Tuvimos que enfrentarnos con estos tres puntos conflictivos:

1- Somos impotentes ante la adicción y nuestra vida es ingobernable.

2- Aunque no somos responsables de nuestra enfermedad, somos responsables de nuestra recuperación.

3- Ya no podemos seguir echando la culpa de nuestra adicción a los demás, a los lugares ni a las cosas. Tenemos que afrontar nuestros propios problemas y nuestros sentimientos.

La herramienta fundamental para la recuperación es el adicto en recuperación. Nos centramos en la recuperación y en los sentimientos, no en lo que hicimos en el pasado. Los amigos, los lugares y las ideas de antes, a menudo son una amenaza para nuestra recuperación. Tenemos que cambiar de compañeros y locales de diversión, y hasta la manera de divertirnos.

Cuando nos damos cuenta de que no podemos arreglárnoslas sin drogas, muchos nos deprimimos inmediatamente o sentimos ansiedad, agresividad y resentimiento. Las frustraciones insignificantes, las contrariedades triviales y la soledad hacen que con frecuencia sintamos que no mejoramos. Descubrimos que padecemos una enfermedad, no un dilema moral. Estábamos gravemente enfermos, pero no éramos irremediablemente malos. Nuestra enfermedad sólo puede detenerse con la abstinencia.

Hoy en día experimentamos una gama completa de sentimientos. Antes de llegar a la confraternidad nos sentíamos o bien eufóricos o bien deprimidos. Nuestra impresión negativa sobre nosotros mismos ha sido reemplazada por una preocupación positiva por los demás. Encontramos soluciones y se resuelven problemas. Volver a sentirnos humanos es un regalo enorme.

¡Qué cambio en comparación a cómo éramos! Sabemos que el Programa de N.A. funciona; nos ha convencido de que en lugar de intentar cambiar las situaciones y a la gente que nos rodea, debíamos cambiar nosotros. Descubrimos nuevas posibilidades. Empezamos a tomar conciencia de nuestro propio valor. Aprendimos a respetarnos. Este es un programa de aprendizaje. Al practicar los pasos, llegamos a aceptar la voluntad de un Poder Superior. La aceptación conduce a la recuperación. Perdemos nuestro miedo a lo desconocido. Quedamos en libertad.

CAPÍTULO CUATRO

CÓMO FUNCIONA

Si quieres lo que te ofrecemos y estás dispuesto a hacer el esfuerzo para obtenerlo, entonces estás preparado para practicar ciertos pasos. Estos son los principios que han hecho posible nuestra recuperación.

1. *Admitimos que éramos impotentes ante nuestra adicción, que nuestra vida se había vuelto ingobernable.*

2. *Llegamos a creer que un Poder superior a nosotros mismos podía devolvernos el sano juicio.*

3. *Decidimos poner nuestra voluntad y nuestra vida al cuidado de Dios, tal como lo concebimos.*

4. *Sin miedo hicimos un detallado inventario moral de nosotros mismos.*

5. *Admitimos ante Dios, ante nosotros mismos y ante otro ser humano la naturaleza exacta de nuestras faltas.*

6. *Estuvimos enteramente dispuestos a dejar que Dios eliminase todos estos defectos de carácter.*

7. *Humildemente le pedimos que nos quitase nuestros defectos.*

8. *Hicimos una lista de todas aquellas personas a quienes habíamos hecho daño y estuvimos dispuestos a enmendarlo.*

9. *Enmendamos directamente el daño causado a aquellas personas siempre que nos fuera posible, excepto cuando el hacerlo perjudicaría a ellos o a otros.*

10. *Continuamos haciendo nuestro inventario personal y cuando nos equivocábamos lo admitíamos rápidamente.*

11. *Buscamos a través de la oración y la meditación mejorar nuestro contacto consciente con Dios, tal como lo concebimos, pidiéndole solamente conocer su voluntad para con nosotros y la fortaleza para cumplirla.*

12. *Habiendo obtenido un despertar espiritual como resultado de estos pasos, tratamos de llevar este mensaje a los adictos y de practicar estos principios en todos los aspectos de nuestra vida.*

Esto parece una tarea demasiado grande y no podemos hacerla toda a la vez. Recuerda que nuestra adicción no se produjo de la noche a la mañana. Tómalo con calma.

Lo que más nos derrotará en nuestra recuperación es una actitud de indiferencia o intolerancia hacia principios espirituales. Tres de éstos son indispensables: honestidad, receptividad y buena voluntad. Con ellos vamos por buen camino.

Creemos que nuestra forma de abordar la enfermedad de la adicción es totalmente realista, ya que el valor terapéutico de un adicto que ayuda a otro no tiene igual. Creemos que nuestro método es práctico, ya que el adicto es la persona que mejor puede comprender y ayudar a otro adicto. Creemos que cuanto antes encaremos nuestros problemas dentro de la sociedad, en nuestra vida diaria, tanto más rápidamente nos convertiremos en miembros aceptables, responsables y productivos de esta sociedad.

La única forma de no volver a la adicción activa es no tomar esa primera droga. Si eres como nosotros, sabrás que una es demasiado y mil no son suficientes. Ponemos mucho énfasis en esto, ya que sabemos que cuando consumimos drogas de cualquier tipo o sustituimos unas por otras, volvemos a caer en la adicción.

Pensar que el alcohol es diferente a otras drogas ha causado la recaída de muchos adictos. Antes de llegar a N.A., muchos de nosotros considerábamos el alcohol como algo aparte. Sin embargo, no podemos darnos el lujo de estar confundidos: el alcohol es una droga. Padecemos la enfermedad de la adicción y si queremos recuperarnos debemos abstenernos de todo tipo de drogas.

He aquí algunas preguntas que nos hemos hecho: ¿Estamos seguros de que queremos dejar de consumir? ¿Comprendemos que no tenemos ningún control sobre las drogas? ¿Admitimos que a la larga no éramos nosotros los que consumíamos las drogas sino que éstas nos consumían a nosotros? ¿Fueron las cárceles y las instituciones las que se hicieron cargo de nuestra vida en diferentes ocasiones? ¿Aceptamos completamente el hecho de que todos los intentos de dejar de consumir o tratar de controlar nuestro consumo fallaron? ¿Somos conscientes de que nuestra adicción nos convirtió en un tipo de persona que no queríamos ser: deshonestos, tramposos, tercos, en contradicción con nosotros y los demás? ¿Creemos realmente que hemos fracasado como consumidores de drogas?

Cuando consumíamos, la realidad se convirtió en algo tan doloroso que preferíamos refugiarnos en el olvido. Intentábamos evitar que los demás se dieran cuenta de nuestro sufrimiento. Nos aislamos en prisiones que habíamos construido con nuestra soledad. Fue esta desesperación lo que nos hizo buscar ayuda en Narcóticos Anónimos. Cuando llegamos a N.A., estamos física, mental y espiritualmente destruidos. Hemos sufrido durante tanto tiempo que estamos dispuestos a hacer lo que haga falta para mantenernos limpios.

La única esperanza que tenemos es seguir el ejemplo de aquellos que se han enfrentado a nuestro dilema y han encontrado una salida. No importa quiénes somos, de dónde venimos o lo que hayamos hecho; en N.A. nos aceptan. Nuestra adicción es el denominador común para comprendernos mutuamente.

Como resultado de acudir a algunas reuniones empezamos a sentir que al fin formamos parte de algo. En ellas establecemos el primer contacto con los Doce Pasos de Narcóticos Anónimos. Aprendemos a practicarlos en el orden en que están escritos y a aplicarlos diariamente. Los pasos son nuestra solución, nuestra tabla de salvación, nuestra defensa contra la enfermedad mortal de la adicción. Son los principios que hacen posible nuestra recuperación.

PRIMER PASO

"Admitimos que éramos impotentes ante nuestra adicción, que nuestra vida se había vuelto ingobernable."

No es importante qué consumíamos ni cuánto. En Narcóticos Anónimos lo más importante es estar limpios. Nos damos cuenta de que no podemos consumir drogas y vivir. Cuando admitimos nuestra impotencia e incapacidad para gobernar nuestra propia vida, abrimos las puertas a la recuperación. Nadie pudo convencernos de que éramos adictos, tuvimos que admitirlo nosotros. Si tenemos dudas, podemos hacernos la siguiente pregunta: ¿Puedo controlar el consumo de cualquier substancia química que altere mi mente o mi estado de ánimo?

En cuanto lo pensemos, la mayoría de los adictos veremos que el control es imposible. Sea cual fuere el resultado, descubrimos que no podemos controlar nuestro consumo durante ningún período de tiempo.

Esto indica claramente que un adicto no tiene control sobre las drogas. Impotencia significa consumir drogas contra nuestra voluntad. Si no podemos parar, ¿cómo podemos decirnos que controlamos la situación? Al decir que "no podemos elegir de ningún modo", nos referimos a nuestra incapacidad para dejar de consumir, incluso con la mayor fuerza de voluntad y el deseo más sincero. Sin embargo, podemos elegir a partir del momento en que dejamos de justificar nuestro consumo.

No tropezamos con esta confraternidad rebosantes de amor, honestidad, receptividad y buena voluntad. Llegamos a un punto en el que nuestro sufrimiento físico, mental y espiritual no nos permitía seguir consumiendo. Una vez derrotados, estuvimos dispuestos a cambiar.

La incapacidad para controlar nuestro consumo de drogas es un síntoma de la enfermedad. Somos impotentes no sólo ante las drogas, sino también ante nuestra adicción. Tenemos que admitirlo para poder recuperarnos. La adicción es una enfermedad física, mental y espiritual que afecta todos los aspectos de nuestra vida.

El aspecto físico de nuestra enfermedad es el consumo compulsivo de drogas: la incapacidad de parar de consumir una vez que hemos empezado. El aspecto mental es la obsesión o el deseo abrumador de consumir aunque estemos destrozando nuestra vida. La parte espiritual es nuestro egocentrismo total. Creíamos que podríamos parar cuando quisiéramos, a pesar de que los hechos demostraban lo contrario. La negación, la sustitución, los pretextos, las justificaciones, la desconfianza en los demás, la culpabilidad, la vergüenza, el abandono, la degradación, el aislamiento y la pérdida de control son los resultados de nuestra enfermedad. Una enfermedad progresiva, incurable y mortal. Para la mayoría es un alivio descubrir que se trata de una enfermedad y no de una deficiencia moral.

No somos responsables de nuestra enfermedad, pero sí lo somos de nuestra recuperación. La mayoría intentamos dejar de consumir por nuestra cuenta, pero fuimos incapaces de vivir ni con drogas ni sin ellas. Con el tiempo nos dimos cuenta de que éramos impotentes ante nuestra adicción.

Muchos intentamos dejar de consumir únicamente con fuerza de voluntad. Resultó una solución temporal, pero vimos que nuestra fuerza de voluntad sola no iba a funcionar durante mucho tiempo. Probamos infinidad de remedios: psiquiatras, hospitales, centros de rehabilitación, amantes, nuevas ciudades, nuevos trabajos, todo lo que intentábamos fracasaba. Empezamos a comprender que habíamos tratado de poner como pretexto las tonterías más absurdas, para justificar el desorden que las drogas habían producido en nuestra vida.

Hasta que no hayamos abandonado todas nuestras reservas, sean cuales fueren, peligrará la base de nuestra recuperación. Cualquier reserva nos impedirá aprovechar los beneficios que puede ofrecernos este programa. Al deshacernos de toda reserva, nos rendimos. Entonces, sólo entonces, podemos recibir ayuda para recuperarnos de la enfermedad de la adicción.

Ahora bien, si somos impotentes, ¿cómo puede ayudarnos Narcóticos Anónimos? Empezamos por pedir ayuda. La base de nuestro programa es admitir que nosotros, por nuestra cuenta, no tenemos ningún poder sobre la adicción. Cuando podamos aceptar este hecho, habremos completado la primera parte del Primer Paso.

Hace falta admitir una segunda cuestión para que la base de nuestra recuperación sea sólida. Si nos detenemos aquí sólo sabremos la verdad a medias y todos tenemos mucho talento para manipular la verdad. Por un lado decimos: "Sí, soy impotente ante mi adicción", y por el otro: "Cuando haya arreglado mi vida, podré con las drogas". Semejantes pensamientos y acciones son los que nos hacían caer otra vez en la adicción activa. Nunca se nos ocurrió preguntarnos: "Si no puedo controlar mi adicción, ¿cómo voy a controlar mi vida?" Sin drogas nos sentíamos mal y nuestra vida era ingobernable.

Incapacidad para trabajar, abandono y destrucción son características fáciles de ver en una vida ingobernable. Por lo general nuestra familia se siente decepcionada, frustrada y confusa por nuestra conducta, y a menudo nos rechaza o simplemente nos abandona. Tener trabajo otra vez, ser aceptados por la sociedad y estar reconciliados con la familia no significa que nuestra vida sea gobernable. Aceptabilidad social no equivale a recuperación.

Llegamos a la conclusión que la única opción que teníamos era cambiar completamente nuestra vieja forma de pensar o volver a consumir. Cuando ponemos lo mejor de nuestra parte, todo esto nos funciona de la misma manera que les ha funcionado a otros. Empezamos a cambiar cuando ya no pudimos aguantar nuestra vieja forma de ser. A partir de aquí comenzamos a comprender que cada día sin drogas, pase lo que pase, es un día de triunfo. Rendición significa no tener que luchar más. Aceptamos nuestra adicción y la vida tal cual es. Estamos dispuestos a hacer lo necesario para mantenernos limpios, incluso lo que no nos gusta.

Antes de hacer el Primer Paso estábamos llenos de temor y dudas; muchos nos sentíamos perdidos y confusos. Creíamos ser diferentes. Al practicar este paso consolidamos nuestra rendición a los principios de N.A. y sólo a partir de este momento empezamos a superar la alienación de la adicción. La ayuda para los adictos empieza en el momento en que somos capaces de admitir nuestra derrota completa. Puede que nos asuste, pero es la base sobre la que construimos nuestra vida.

El Primer Paso significa que no estamos obligados a consumir; nos da una libertad enorme. Algunos tardamos en darnos cuenta de lo ingobernable que se había vuelto nuestra vida. Otros, en cambio, era lo único que teníamos claro. Sabíamos de corazón que las drogas tenían el poder de convertirnos en una persona que no queríamos ser.

Al estar limpios y practicar este paso rompemos nuestras cadenas. Sin embargo, ningún paso funciona por arte de magia. No sólo recitamos las palabras de este paso, sino que aprendemos a vivirlas. Vemos con nuestros propios ojos que el programa tiene algo que ofrecernos.

Hemos hallado esperanza. Podemos aprender a funcionar en el mundo en que vivimos. También podemos encontrar un sentido a la vida y ser rescatados de la locura, la depravación y la muerte.

Cuando admitimos nuestra impotencia e incapacidad para gobernar nuestra vida, abrimos las puertas para que un Poder superior a nosotros nos ayude. Lo importante no es dónde estuvimos, sino hacia dónde vamos.

SEGUNDO PASO

"Llegamos a creer que un Poder superior a nosotros mismos podía devolvernos el sano juicio."

Si queremos que nuestra recuperación sea continua, entonces es necesario el Segundo Paso. El Primero nos deja con la necesidad de creer en algo que pueda ayudarnos con nuestra impotencia, inutilidad y desamparo.

El Primer Paso ha dejado un vacío en nuestra vida y necesitamos algo que lo llene. Este es el propósito del Segundo Paso.

Algunos, al principio, no nos tomamos en serio este paso; lo pasábamos por alto con poco interés hasta que nos dimos cuenta de que los demás pasos no funcionarían si no practicábamos éste. Incluso aunque admitiéramos que necesitábamos ayuda con nuestro problema de drogas, muchos no reconocíamos la necesidad de tener fe y sano juicio.

Tenemos una enfermedad progresiva, incurable y mortal. De una u otra forma salíamos a comprar nuestra destrucción a plazos. Todos nosotros, desde el que roba en la calle hasta la dulce ancianita que va de médico en médico para conseguir recetas, tenemos algo en común: buscamos nuestra destrucción de pinchazo en pinchazo, de pastilla en pastilla o de botella en botella hasta morir. Esto es sólo parte de la locura de la adicción. Puede que parezca más alto el precio que paga el adicto que se prostituye para conseguir su droga que el que simplemente tiene que mentirle a un médico; pero en última instancia ambos pagan con su vida. Locura es repetir los mismos errores esperando resultados diferentes.

Al llegar al programa, muchos nos dimos cuenta de que volvíamos a consumir una y otra vez a pesar de que sabíamos que nos estábamos destruyendo. Locura significa consumir día tras día sabiendo que el único resultado es nuestra destrucción física y mental. La obsesión de consumir drogas es lo más evidente de la locura de la enfermedad de la adicción.

Hazte la siguiente pregunta: ¿No sería una locura acercarse a alguien y decirle?: "Por favor, ¿cómo puedo hacer para tener un infarto o un accidente mortal?" Si estás de acuerdo en que sería cosa de locos, entonces no deberías tener problemas con el Segundo Paso.

Lo primero que hacemos en este programa es dejar de consumir drogas. A esta altura empezamos a sentir el dolor de vivir sin ellas y sin nada que las reemplace. Este dolor nos obliga a buscar un Poder superior a nosotros que nos alivie de la obsesión de consumir.

El proceso de llegar a creer es similar en la mayoría de los adictos. Casi todos carecíamos de una relación con un Poder Superior que funcionase. Comenzamos a desarrollar esta relación admitiendo simplemente la posibilidad de la existencia de un Poder superior a nosotros. La mayoría no tenemos problemas en admitir que la adicción se había convertido en una fuerza destructiva en nuestra vida. Nuestros mejores esfuerzos concluían en más destrucción y más desesperación. En un momento dado nos dimos cuenta de que necesitábamos la ayuda de algún Poder superior a nuestra adicción. Nuestra concepción del Poder Superior depende de nosotros, nadie va a decidirlo en nuestro lugar. Podemos llamarlo grupo, programa o Dios. Lo único que se nos sugiere es que este Poder nos quiera, nos cuide y sea más fuerte que nosotros. No hace falta que seamos religiosos para aceptar esta idea. Lo importante es que abramos nuestra mente para creer. Puede que nos resulte difícil, pero si nos mantenemos receptivos, tarde o temprano encontraremos la ayuda que necesitamos. Hablamos con los demás y los escuchamos. Vimos cómo se recuperaban y nos contaron lo que a ellos les daba resultado. Empezamos a tener evidencias de un Poder que no podía explicarse del todo. Frente a estas pruebas, comenzamos a aceptar la existencia de un Poder superior a nosotros. Podemos utilizar este Poder mucho antes de comprenderlo.

A medida que vemos las coincidencias y los milagros que suceden en nuestra vida, la aceptación se convierte en confianza. Comenzamos a sentirnos a gusto con nuestro Poder Superior como fuente de fortaleza. Conforme vamos aprendiendo a confiar en este Poder, empezamos a superar nuestro miedo a vivir.

El proceso de llegar a creer nos devuelve el sano juicio. La fortaleza que nos impulsa a la acción proviene de esta creencia. Es necesario que aceptemos este paso para emprender el camino de la recuperación. Cuando nuestra fe haya crecido, estaremos preparados para el Tercer Paso.

TERCER PASO

"Decidimos poner nuestra voluntad y nuestra vida al cuidado de Dios, tal como lo concebimos."

Comos adictos, muchas veces hemos puesto nuestra voluntad y nuestra vida en manos de un poder destructivo. Nuestra voluntad y nuestra vida estaban controladas por las drogas. Estábamos atrapados por la necesidad de gratificación inmediata que éstas nos daban. Durante aquel período, todo nuestro ser —cuerpo, mente y espíritu— estaba dominado por las drogas. Por un tiempo resultó placentero, pero luego la euforia fue desapareciendo y empezamos a ver el lado oscuro de nuestra adicción. Nos dimos cuenta de que cuanto más nos subían las drogas, más abajo terminábamos nosotros. Teníamos dos opciones: sufrir el dolor del síndrome de abstinencia o tomar más drogas.

A todos nos llegó el día en que ya no nos quedaba alternativa: teníamos que consumir por fuerza. Totalmente desesperados y tras haber entregado nuestra voluntad y nuestra vida a la adicción, buscamos otro camino. En Narcóticos Anónimos decidimos poner nuestra voluntad y nuestra vida al cuidado de Dios, tal como lo concebimos. Este es un paso enorme. No hace falta que seamos religiosos; cualquier persona puede dar este paso. Lo único que se necesita es buena voluntad. Lo esencial es abrir la puerta a un Poder superior a nosotros.

Nuestro concepto de Dios no proviene de un dogma, sino de lo que creemos y de lo que nos funciona. Muchos concebimos a Dios simplemente como esa fuerza que nos mantiene limpios. El derecho a un Dios tal como cada uno lo conciba es total y sin condiciones. Como tenemos este derecho, si queremos crecer espiritualmente es necesario que nuestra creencia sea honesta.

Descubrimos que lo único que necesitábamos era intentarlo. Cuando nos esforzábamos y poníamos lo mejor de nosotros, el programa nos funcionaba de la misma manera que a muchos otros. El Tercer Paso no dice: "Pusimos nuestra voluntad y nuestra vida al cuidado de Dios", sino: *"Decidimos poner nuestra voluntad y nuestra vida al cuidado de Dios*, tal como lo concebimos." Fuimos nosotros quienes tomamos la decisión; ni las drogas, ni nuestra familia, ni las autoridades, ni un juez, ni un terapeuta, ni un médico la tomó por nosotros. Por primera vez desde que empezamos a consumir hemos tomado una decisión por nuestra cuenta.

La palabra decisión implica acción. Esta decisión se basa en la fe. Únicamente tenemos que creer que el milagro que vemos en la vida de otros adictos limpios, puede sucederle a cualquier adicto que desee cambiar. Sencillamente descubrimos que existe una fuerza para el crecimiento espiritual que puede ayudarnos a ser más tolerantes, más pacientes y más útiles en el servicio a los demás. Muchos hemos dicho: "Toma mi voluntad y mi vida. Guíame en mi recuperación. Enséñame a vivir." El alivio de "soltar las riendas y dejárselas a Dios", nos ayuda a desarrollar una vida digna de vivir.

Con la práctica diaria se torna más fácil rendirse a la voluntad de un Poder Superior. Cuando lo intentamos honestamente, funciona. Muchos empezamos el día pidiéndole sencillamente a nuestro Poder Superior que nos guíe.

Aunque sepamos que esta "entrega" funciona, puede que todavía queramos retomar el control de nuestra voluntad y nuestra vida. Incluso, hasta puede que lleguemos a enojarnos porque Dios lo permite. Hay momentos en nuestra recuperación en que pedir ayuda a Dios es nuestra mayor fuente de fortaleza y valor. Podemos tomar esta decisión tantas veces como sea necesario. Nos rendimos tranquilamente y dejamos que el Dios que nosotros concebimos cuide de nosotros.

Al principio teníamos algunas preguntas en la cabeza que no paraban de darnos vueltas: "¿Qué pasará cuando entregue mi vida? ¿Me volveré 'perfecto'?" Quizás hayamos sido más realistas. Algunos tuvimos que recurrir a un miembro con más experiencia en N.A. y preguntarle: "¿Cómo ha sido para ti?" La respuesta variaba de un miembro a otro. La mayoría creemos que la clave de este paso consiste en ser receptivos, tener buena voluntad y rendirnos.

Hemos entregado nuestra voluntad y nuestra vida al cuidado de un Poder superior a nosotros. Si somos minuciosos y sinceros notaremos un cambio positivo. A medida que comprendemos el significado verdadero de la entrega, nuestros temores disminuyen y la fe empieza a crecer. Ya no luchamos contra el miedo, la ira, la culpa, la autocompasión ni la depresión. Nos damos cuenta de que el Poder que nos trajo a este programa sigue estando con nosotros y continuará guiándonos si se lo permitimos. Poco a poco empezamos a perder el miedo paralizador de la desesperación. La prueba de este paso se ve en la manera en que vivimos.

Hemos empezado a apreciar la vida limpios y queremos disfrutar de otras cosas positivas que tiene la Confraternidad de N.A. para nosotros. Ahora sabemos que no podemos detenernos en nuestro programa espiritual; queremos todo lo que podamos conseguir.

Ahora estamos listos para nuestra primera autoevaluación sincera y empezamos con el Cuarto Paso.

CUARTO PASO

"Sin miedo hicimos un detallado inventario moral de nosotros mismos."

El propósito de hacer un detallado inventario moral sin ningún temor es ordenar las confusiones y contradicciones de nuestra vida para que podamos averiguar quiénes somos en realidad. Estamos empezando una nueva forma de vida y es necesario que nos libremos de las cargas y trampas que nos controlaban e impedían que creciéramos.

Al acercarnos a este paso, la mayoría tenemos miedo de que haya un monstruo escondido dentro de nosotros que va a destruirnos si lo dejamos en libertad. Este temor puede movernos a postergar nuestro inventario e incluso hasta impedirnos del todo hacer este paso decisivo. Sabemos que el miedo es falta de fe y tenemos un Dios personal que nos ama y al que podemos recurrir. Ya no tenemos por qué tener miedo.

Hemos sido expertos en autoengaños y excusas; podemos superar estos obstáculos escribiendo nuestro inventario. Un inventario escrito revelará partes de nuestro subconsciente que permanecen ocultas si sólo nos limitamos a pensar o hablar acerca de quiénes somos. Una vez escrito, resulta más fácil ver, y más difícil negar, nuestra verdadera naturaleza. Una de las claves de nuestra nueva forma de vida es hacer una honesta autoevaluación.

Seamos francos; cuando consumíamos no éramos honestos con nosotros. Empezamos a serlo cuando admitimos que la adicción nos ha vencido y necesitamos ayuda. Tardamos mucho tiempo en admitir nuestra derrota. Nos dimos cuenta de que no podíamos recuperarnos física, mental ni espiritualmente de la noche a la mañana. El Cuarto Paso nos ayudará en nuestra recuperación. La mayoría descubrimos que no éramos ni tan terribles ni tan maravillosos como suponíamos. Nos sorprendemos al encontrar aspectos positivos en nuestro inventario. Cualquiera que lleve algo de tiempo en el programa y haya trabajado este paso, te dirá que ha sido un punto decisivo en su vida.

Algunos cometemos el error de abordar este paso como si fuera una confesión de lo horribles que somos y de lo malas personas que hemos sido. En nuestra nueva forma de vida, un exceso de tristeza puede ser peligroso. Este no es el propósito del Cuarto Paso. Intentamos librarnos de nuestros viejos e inútiles esquemas de vida. Hacemos el Cuarto Paso para crecer y obtener fortaleza y lucidez. Podemos abordarlo de múltiples maneras.

El Primero, el Segundo y el Tercer Paso son la preparación necesaria para tener la fe y el valor para escribir un inventario sin temor. Es aconsejable que antes de empezar repasemos los tres primeros pasos con un padrino. Empezamos a estar cómodos con la comprensión de estos pasos y nos damos el lujo de sentirnos bien con lo que estamos haciendo. Durante mucho tiempo estuvimos dando vueltas de un lado a otro sin llegar a ninguna parte. Ahora empezamos el Cuarto Paso y nos desprendemos del miedo. Simplemente escribimos nuestro inventario lo mejor que podemos hoy por hoy.

Tenemos que acabar con el pasado, no aferrarnos a él. Queremos mirarlo cara a cara, verlo tal como era y librarnos de él para poder vivir el presente. El pasado, para la mayoría de nosotros, ha sido como un oscuro secreto que no queríamos revelar por temor a lo que pudiera hacernos. Ya no tenemos que mirarlo solos; ahora nuestra voluntad y nuestra vida están en manos de un Poder Superior.

Escribir un detallado y honesto inventario parecía imposible. Y lo era mientras contáramos sólo con nuestro propio poder.

Antes de empezar a escribir nos relajamos durante un momento y pedimos la fortaleza necesaria para no tener miedo y poder ser minuciosos.

En el Cuarto Paso empezamos a ponernos en contacto con nosotros mismos. Escribimos sobre nuestros lastres, por ejemplo: la culpabilidad, la vergüenza, el remordimiento, la autocompasión, el resentimiento, la ira, la depresión, la frustración, la confusión, la soledad, la ansiedad, la traición, la desesperación, el fracaso, el miedo y la negación.

Escribimos sobre lo que nos molesta aquí y ahora. Tenemos tendencia a pensar negativamente, así que escribir nos da la oportunidad de tener una visión más positiva de lo que está pasando.

Si queremos hacer un retrato preciso y completo de nosotros, también tenemos que tener en cuenta los valores positivos. A la mayoría nos resulta muy difícil porque nos cuesta aceptar nuestras cualidades. Sin embargo todos las tenemos; muchas de ellas las acabamos de adquirir gracias al programa, como por ejemplo el hecho de estar limpios, la receptividad, la conciencia de Dios, la honestidad con los demás, la aceptación, la capacidad de actuar positivamente, el hecho de compartir, la buena voluntad, el valor, la fe, la solidaridad, la gratitud, la bondad y la generosidad. Por lo general nuestro inventario también contiene material sobre nuestras relaciones afectivas.

Revisamos nuestro comportamiento pasado y nuestra conducta presente para ver qué queremos conservar y qué queremos eliminar. Nadie nos obliga a renunciar a nuestro sufrimiento. Este paso tiene fama de difícil, pero en realidad es bastante sencillo.

Escribimos nuestro inventario sin tener en cuenta el Quinto Paso. Trabajamos este paso como si no existiera el siguiente. Podemos escribir solos o acompañados de otras personas, como nos resulte más cómodo. Puede ser tan largo o tan corto como nos haga falta. Alguien con experiencia puede ayudarnos. Lo importante es escribir un inventario moral. Si la palabra moral nos molesta, podemos llamarlo inventario de lo positivo y lo negativo.

Hay una sola manera de escribir un inventario: ¡ponerse a escribir! Pensar, hablar o teorizar sobre el asunto no hará que lo escribamos. Nos sentamos con un cuaderno, pedimos que nos orienten, tomamos un lápiz y empezamos a escribir. Cualquier cosa que pensemos sirve de material para el inventario. Empezamos este paso cuando nos damos cuenta de lo poco que tenemos que perder y de lo mucho que podemos ganar.

Una regla básica comprobada es que quizás escribamos muy poco, pero difícilmente demasiado. El inventario se adaptará al individuo. Quizás parezca difícil o doloroso, imposible incluso. Puede que tengamos miedo de que al ponernos en contacto con nuestros sentimientos se produzca una abrumadora reacción en cadena de pánico y dolor. Tal vez nos entren ganas de no hacer el inventario por temor al fracaso. Cuando no hacemos caso de nuestros sentimientos, la tensión se vuelve insoportable y el miedo a un desenlace fatal inminente es tan grande que sobrepasa nuestro miedo al fracaso.

Un inventario es un alivio porque el dolor de hacerlo es menor que el de no hacerlo. Aprendemos que el sufrimiento puede ser un factor estimulante en nuestra recuperación, por lo tanto es inevitable que lo afrontemos. En las reuniones de pasos, el tema parece recaer siempre en el Cuarto o en el inventario diario, porque es un proceso que nos permite tratar con todas las cosas que puedan acumularse. Parece que cuanto más vivimos nuestro programa, más nos pone Dios en situaciones en las que surgen cuestiones que debemos considerar. Cuando afloran estas cuestiones, escribimos sobre ellas. Empezamos a disfrutar de nuestra recuperación porque tenemos un medio de resolver la vergüenza, la culpabilidad o el resentimiento.

Liberamos la tensión del pasado acumulada en nuestro interior. Escribir es como levantar la tapa de nuestra olla a presión para ver si queremos aprovechar el contenido, volver a taparlo o tirarlo a la basura. Ya no tenemos que darle más vueltas al asunto.

Nos sentamos con papel y lápiz y pedimos ayuda a nuestro Dios para que nos revele los defectos que nos causan dolor y sufrimiento. Pedimos el valor de no tener miedo, poder ser minuciosos y que este inventario nos ayude a poner nuestra vida en orden. Cuando rezamos y nos ponemos en marcha, las cosas siempre mejoran.

No vamos a ser perfectos. Si lo fuéramos, no seríamos humanos. Lo importante es que hagamos las cosas lo mejor que podamos. Usamos las herramientas que están a nuestra disposición y desarrollamos la capacidad de sobrevivir a nuestras emociones. No queremos perder lo que hemos ganado; queremos continuar en el programa. Según nuestra experiencia, no hay inventario —por muy profundo y detallado que sea— que tenga efectos duraderos si no es seguido de inmediato por un Quinto Paso igualmente detallado.

QUINTO PASO

"Admitimos ante Dios, ante nosotros mismos y ante otro ser humano la naturaleza exacta de nuestras faltas."

El Quinto Paso es la clave de la libertad. Nos permite vivir limpios en el presente. Compartir la naturaleza exacta de nuestras faltas nos deja en libertad para vivir. Tras haber hecho un detallado Cuarto Paso, tenemos que afrontar el contenido de nuestro inventario. Nos han dicho que si nos guardamos estos defectos dentro, ellos mismos nos llevarán a consumir de nuevo. Si nos aferráramos a nuestro pasado, tarde o temprano volveríamos a enfermarnos y no podríamos participar de nuestra nueva forma de vida. Si no somos honestos al hacer el Quinto Paso, obtendremos los mismos resultados negativos que la deshonestidad nos trajo en el pasado.

El Quinto Paso nos sugiere que admitamos ante Dios, ante nosotros mismos y ante otro ser humano la naturaleza exacta de nuestras faltas. Miramos nuestras faltas, examinamos nuestros patrones de conducta y empezamos a darnos cuenta de los aspectos más profundos de nuestra enfermedad. Ahora nos sentamos con otra persona y compartimos nuestro inventario en voz alta.

Durante el Quinto Paso, nuestro Poder Superior nos acompañará. Recibiremos la ayuda y la libertad para poder enfrentarnos a nosotros mismos y a otro ser humano. Admitir ante nuestro Poder Superior la naturaleza exacta de nuestras faltas nos parecía innecesario. "Dios ya lo sabe", era nuestra excusa. Pero aunque ya lo sepa, la admisión debe salir de nuestros labios para que sea realmente eficaz. El Quinto Paso no es una simple lectura del Cuarto.

Durante años evitamos vernos tal como éramos. Nos avergonzábamos de nosotros mismos y nos sentíamos aislados del resto del mundo. Ahora que hemos atrapado la parte vergonzosa de nuestro pasado, podemos eliminarla de nuestra vida, siempre y cuando la afrontemos y la admitamos. Sería trágico tener todo escrito y luego guardarlo en un cajón. Estos defectos crecen en la oscuridad, pero mueren a la luz del día.

Antes de llegar a N.A. creíamos que nadie entendería las cosas que habíamos hecho. Temíamos que si alguna vez llegábamos a mostrarnos tal cual éramos, seguramente nos rechazarían. A la mayoría de los adictos esta idea nos amarga la vida. Reconozcamos que no hemos sido muy realistas al pensar así. Los compañeros de N.A. sí nos comprenden.

Debemos elegir con cuidado a la persona que escuche nuestro Quinto Paso, estar seguros de que sepa lo que estamos haciendo y por qué. No existen reglas fijas sobre la persona que hay que escoger, lo importante es que confiemos en ella. Sólo una plena confianza en su integridad y discreción nos pondrá en buena disposición para hacer este paso minuciosamente. Algunos lo hacemos con alguien totalmente desconocido, mientras que otros nos sentimos más cómodos con un miembro de Narcóticos Anónimos. Sabemos que es menos probable que otro adicto nos juzgue con malicia o nos malinterprete.

Una vez que estemos a solas con la persona elegida, empezamos nuestro Quinto Paso animados por ella. Queremos ser claros, honestos y concisos porque sabemos que es un asunto de vida o muerte.

Algunos tratamos de esconder parte de nuestro pasado intentando encontrar una forma más fácil de enfrentarnos con nuestros sentimientos más íntimos. Quizás pensemos que haber escrito sobre nuestro pasado sea suficiente, pero no podemos permitirnos este error. Este paso pondrá en evidencia nuestras motivaciones y acciones. Es inútil que esperemos que se revelen por sí solas. Finalmente superamos nuestra vergüenza y evitamos así futuros sentimientos de culpa.

No lo posterguemos. Debemos ser exactos. Simplemente queremos contar la verdad, cruda y dura, lo más pronto posible. Siempre existe el peligro de que exageremos nuestras faltas o que minimicemos o excusemos nuestro papel en situaciones pasadas. A fin de cuentas todavía queremos quedar bien.

Los adictos tenemos tendencia a vivir vidas secretas. Durante muchos años escondimos nuestra poca autoestima detrás de falsas máscaras con la esperanza de engañar a los demás. Por desgracia nos engañábamos a nosotros más que a nadie. Aunque diéramos una imagen atractiva y aparentáramos seguridad, dentro escondíamos una persona vacilante e insegura. Las máscaras tienen que desaparecer. Compartimos nuestro inventario tal como está escrito, sin omitir nada. Continuamos abordando este paso honesta y minuciosamente hasta que lo terminemos. Es un gran alivio desprendernos de todos los secretos y compartir el peso del pasado.

Por lo general, al compartir este paso la persona que nos escucha también nos cuenta parte de su historia. Descubrimos que no somos únicos. Al ver como nuestro confidente nos acepta, comprendemos que nos pueden aceptar tal como somos.

Puede que jamás consigamos recordar todos nuestros errores pasados, sin embargo estamos esforzándonos para hacerlo lo mejor posible. Comenzamos a experimentar verdaderos sentimientos personales de naturaleza espiritual. Donde antes teníamos teorías espirituales, ahora empezamos a despertar a una realidad espiritual. Este primer examen de nosotros mismos suele revelar algunos patrones de conducta que no nos gustan especialmente. No obstante, encararlos y sacarlos a la luz del día nos permite ocuparnos de ellos de manera constructiva. No podemos efectuar estos cambios solos; necesitaremos la ayuda de Dios, tal como lo concebimos, y de la Confraternidad de Narcóticos Anónimos.

SEXTO PASO

"Estuvimos enteramente dispuestos a dejar que Dios eliminase todos estos defectos de carácter."

¿Para qué pedir algo sin estar preparados? Sería buscarnos complicaciones. Los adictos aspiramos muchas veces a la recompensa de un trabajo duro sin haberlo hecho. En el Sexto Paso procuramos buena voluntad. La sinceridad que aportemos al trabajar este paso será proporcional a nuestro deseo de cambiar.

¿Queremos de verdad deshacernos de nuestros resentimientos, de la ira y el miedo? Muchos nos aferramos a nuestros temores, dudas, aversión u odio hacia nosotros mismos porque hay cierta seguridad deformada en el dolor conocido. Parece más seguro apegarnos a lo conocido que soltarlo e ir en busca de lo desconocido.

Debemos abandonar nuestros defectos de carácter de forma decidida. Sufrimos porque sus exigencias nos debilitan. Allí donde éramos orgullosos, ahora vemos que no podemos seguir siendo arrogantes. Si no somos humildes, nos humillan. Si somos codiciosos, nos damos cuenta de que nunca estamos satisfechos. Antes de hacer el Cuarto y el Quinto Paso podíamos abandonarnos al miedo, la ira, la deshonestidad y la autocompasión. Ahora, en cambio, la condescendencia con estos defectos de carácter nubla nuestra capacidad para pensar de manera lógica. El egoísmo se convierte en una traba insoportable y destructiva que nos encadena a nuestros malos hábitos. Nuestro defectos consumen todo nuestro tiempo y energía.

Examinamos el inventario del Cuarto Paso y vemos claramente lo que estos defectos le están haciendo a nuestra vida. Comenzamos a ansiar vernos libres de ellos. Rezamos o estamos dispuestos y preparados de otra manera para dejar que Dios elimine estas características destructivas. Necesitamos un cambio de personalidad para seguir limpios. Queremos cambiar.

Tenemos que abordar estos viejos defectos con una mente abierta. Somos conscientes de ellos, sin embargo seguimos cometiendo los mismos errores, incapaces de romper los malos hábitos. Buscamos en la confraternidad el tipo de vida que queremos para nosotros. Preguntamos a nuestros amigos: "¿Has conseguido desprenderte de ellos?" "Sí, lo mejor que pude", suelen contestarnos casi sin excepción. Cuando vemos los defectos en nuestra vida y los aceptamos, podemos desprendernos de ellos y proseguir nuestra nueva vida. Cuando cometemos nuevos errores en lugar de repetir los viejos, sabemos que estamos madurando.

Cuando trabajamos el Sexto Paso, es importante recordar que somos humanos y que no tenemos que ponernos objetivos inalcanzables. Este es un paso de buena voluntad. La buena voluntad es el principio espiritual del Sexto Paso que nos ayuda a tomar una dirección espiritual. Como somos seres humanos, es natural que a veces nos desviemos del camino.

En esta etapa, la rebeldía es un defecto de carácter que nos echa a perder. Si nos rebelamos, no perdamos la fe. La indiferencia o la intolerancia que la rebeldía puede provocar, se superan con un esfuerzo continuado. Seguimos pidiendo buena voluntad. Puede que dudemos de que Dios quiera aliviarnos o pensemos que algo va a salir mal. Si le preguntamos a otro miembro de N.A., nos dirá: "Estás justamente donde tienes que estar." Renovamos nuestra disposición para vernos libres de nuestros defectos. Nos rendimos a las sugerencias sencillas que nos da este programa. Aunque no estemos completamente preparados, vamos por buen camino.

La fe, la humildad y la aceptación reemplazan con el tiempo al orgullo y la rebeldía. Aprendemos a conocernos. Vemos que nos encaminamos hacia una madurez de conciencia. A medida que nuestra buena voluntad se transforma en esperanza, empezamos a sentirnos mejor. Entrevemos, quizás por primera vez, lo que puede ser nuestra nueva vida. Con esta perspectiva ponemos nuestra buena voluntad en acción y pasamos al Séptimo Paso.

SÉPTIMO PASO

"Humildemente le pedimos que nos quitase nuestros defectos."

Los defectos de carácter o limitaciones son las cosas que nos causan dolor y sufrimiento toda la vida. Si por el contrario contribuyeran a nuestra salud y felicidad, no habríamos llegado a semejante estado de desesperación. Tuvimos que prepararnos para dejar que Dios, tal como lo concebimos, nos quitase estos defectos.

Llegamos al Séptimo Paso tras haber decidido que queremos que Dios nos alivie de los aspectos inútiles y destructivos de nuestra personalidad. No podíamos afrontar la dura prueba de la vida completamente solos. Hasta que convertimos nuestra vida en un completo desastre no nos dimos cuenta de que solos no podíamos. Al admitirlo, conseguimos vislumbrar el concepto de humildad. Este es el elemento principal del Séptimo Paso. La humildad es el resultado de ser honestos con nosotros mismos. Hemos practicado la honestidad desde el Primer Paso. Aceptamos nuestra adicción e impotencia. Luego encontramos una fuerza por encima de nosotros y aprendimos a confiar en ella. Examinamos nuestra vida y descubrimos quiénes éramos en realidad. La verdadera humildad consiste en aceptarse y tratar honestamente de ser uno mismo. Ninguno de nosotros es completamente bueno ni terriblemente malo. Somos personas con nuestros defectos y virtudes; somos humanos, esto es lo más importante.

La humildad es tan importante para mantenernos limpios, como lo son el agua y la comida para estar vivos. Cuanto más avanzaba nuestra adicción, más energía poníamos en satisfacer nuestros deseos materiales. El resto de las necesidades estaban fuera de nuestro alcance. Siempre queríamos la gratificación inmediata de nuestros deseos básicos.

El Séptimo Paso es un paso de acción, es el momento de pedirle a Dios ayuda y alivio. Tenemos que entender que nuestra manera de pensar no es la única; otras personas pueden orientarnos. Cuando alguien nos señala un defecto, quizás nuestra primera reacción sea ponernos a la defensiva. Debemos reconocer que no somos perfectos. Siempre hay posibilidades de crecer. Si de verdad queremos ser libres, tenemos que escuchar con atención lo que otros adictos nos sugieran. Si los defectos que descubrimos son reales y tenemos la oportunidad de librarnos de ellos, sin duda experimentaremos una sensación de bienestar.

Algunos querrán ponerse de rodillas para practicar este paso. Otros estarán muy tranquilos y habrá quienes mediante un gran esfuerzo emocional demuestren una intensa buena voluntad. Se emplea la palabra humildad porque nos acercamos a este Poder superior a nosotros para pedirle la libertad que necesitamos para vivir sin las limitaciones de nuestras viejas costumbres. Muchos estamos dispuestos a trabajar este paso sin reservas, con fe ciega, porque estamos hartos de lo que hemos hecho y de cómo nos sentimos. Si algo funciona, sea lo que sea, lo seguiremos hasta el fin.

Este es el camino de nuestro crecimiento espiritual. Cambiamos cada día. Poco a poco y con cuidado salimos del aislamiento y de la soledad de la adicción y entramos en la corriente de la vida. Este crecimiento no es el resultado del deseo, sino de la acción y la oración. El objetivo principal del Séptimo Paso es salir de nosotros mismos y tratar de cumplir la voluntad de nuestro Poder Superior.

Si nos descuidamos y se nos escapa el significado espiritual de este paso, es posible que tengamos dificultades y se remuevan viejos problemas. También existe el peligro de que seamos demasiado severos con nosotros mismos.

Compartir con otros adictos en recuperación nos ayudará a evitar que nos tomemos enfermizamente en serio. Aceptar los defectos ajenos puede ayudarnos a ser humildes y preparar el terreno para librarnos de los nuestros. Dios actúa con frecuencia a través de aquellos que se preocupan lo suficiente de la recuperación como para ayudarnos a que tomemos conciencia de nuestros defectos.

Hemos visto que la humildad juega un papel fundamental en este programa y en nuestra nueva forma de vida. Hacemos nuestro inventario; estamos preparados para dejar que Dios nos quite nuestros defectos de carácter y se lo pedimos humildemente. Este es el camino para nuestro crecimiento espiritual y queremos seguir en él. Estamos preparados para el Octavo Paso.

OCTAVO PASO

"Hicimos una lista de todas aquellas personas a quienes habíamos hecho daño y estuvimos dispuestos a enmendarlo."

El Octavo Paso es la prueba de la humildad que acabamos de descubrir. Nuestro propósito es librarnos del sentimiento de culpa que arrastrábamos. Queremos mirar al mundo cara a cara, sin temor ni agresividad.

¿Estamos dispuestos a hacer una lista de todas las personas a las que habíamos hecho daño, para deshacernos del miedo y la culpabilidad que todavía conservamos del pasado? Nuestra experiencia nos indica que para que este paso tenga algún efecto, debemos estar enteramente dispuestos.

El Octavo Paso no es fácil; exige un nuevo tipo de honestidad en nuestras relaciones con los demás. En este paso se inicia el proceso de perdón. Perdonamos a los demás y posiblemente seamos perdonados; por fin nos perdonamos a nosotros y aprendemos a vivir en este mundo. Cuando llegamos a este paso, estamos más preparados para comprender que para ser comprendidos. Si sabemos en que terrenos debemos hacer enmiendas, podemos vivir y dejar vivir más facilmente. Ahora parece difícil, pero una vez que lo hayamos hecho nos preguntaremos por qué no lo hicimos antes.

Para poder hacer una lista precisa, nos hace falta un poco de auténtica honestidad. Para preparar la lista del Octavo Paso es útil definir la palabra "daño". Una definición sería lesión física o mental; otra, provocar dolor, sufrimiento o alguna pérdida. El daño puede causarse por algo que se haya dicho, hecho o dejado de hacer. Puede ser consecuencia de palabras o acciones intencionadas o no. El grado de daño puede variar desde haber causado cierto malestar mental hasta haber provocado graves lesiones físicas e incluso la muerte.

El Octavo Paso nos presenta un problema. Muchos tenemos dificultad en admitir que hicimos daño a otras personas, porque pensamos que las víctimas de nuestra adicción éramos nosotros. Es esencial que evitemos este tipo de justificación. Debemos separar lo que nos han hecho a nosotros de lo que hemos hecho a los demás. Terminamos con las excusas y con la idea de ser siempre las víctimas. A menudo creemos que sólo nos hicimos daño a nosotros, pese a que por lo general nuestro nombre no figura en la lista o es el último de todos. Este paso es el trabajo práctico para reparar el desastre de nuestra vida.

No seremos mejores juzgando las faltas de los demás. Lo que nos hará sentir mejor es limpiar nuestra vida quitándonos de encima la culpabilidad. Al escribir la lista ya no podemos negar que hicimos daño. Admitimos que lastimamos a otros —directa o indirectamente— con algún acto, mentira, promesa rota o descuido.

Hacemos nuestra lista, o la sacamos de nuestro Cuarto Paso, y agregamos aquellas personas de las que nos vayamos acordando. Afrontamos esta lista con honestidad y examinamos nuestras faltas abiertamente para estar dispuestos a enmendar el daño causado.

En algunos casos puede que no conozcamos a las personas que perjudicamos. Mientras consumíamos, cualquier persona con la que nos relacionábamos corría peligro. Muchos miembros mencionan a sus padres, parejas, hijos, amigos, amantes, otros adictos, conocidos, compañeros de trabajo, jefes, profesores, caseros y perfectos desconocidos. También nos podemos incluir en la lista porque durante nuestra adicción activa nos estábamos matando lentamente. Puede resultar útil hacer una lista separada de la gente a la que debemos dinero.

Al igual que con los otros pasos, debemos ser minuciosos. La mayoría solemos quedarnos cortos, es raro que superemos nuestros objetivos. Al mismo tiempo, no podemos postergar indefinidamente la terminación de este paso sólo porque no estamos seguros de que la lista esté completa. De todos modos, nunca la terminaremos.

La última dificultad que se presenta al trabajar este paso es poder separarlo del Noveno. Empezar a planear las enmiendas que tenemos que hacer, puede ser un obstáculo importante para completar la lista y estar dispuestos. Hacemos este paso como si no existiera el siguiente. Ni siquiera pensamos en hacer las enmiendas, sólo nos concentramos en lo que dice el Octavo Paso: hacer una lista y estar dispuestos. Este paso sobre todo nos ayuda a tomar conciencia poco a poco de que estamos adquiriendo nuevas actitudes hacia nosotros y en nuestro trato con los demás.

Escuchar con atención la experiencia de otros miembros con respecto a este paso puede aclarar las confusiones que tengamos para escribir nuestra lista. Quizás nuestro padrino o madrina pueda compartir con nosotros el resultado que obtuvo de este paso. Hacer preguntas en una reunión puede aportarnos el beneficio de la conciencia del grupo.

El Octavo Paso brinda la oportunidad de un gran cambio en una vida dominada por la culpabilidad y el remordimiento. Nuestro futuro se ve transformado porque ya no tenemos que evitar a aquellos a quienes hemos hecho daño. Como resultado de este paso logramos una libertad nueva que nos permite poner fin al aislamiento. A medida que comprendemos nuestra necesidad de ser perdonados, aprendemos a perdonar. Por lo menos sabemos que ya no le hacemos la vida imposible a los demás a propósito.

Este es un paso de acción y al igual que todos los demás proporciona beneficios inmediatos. Ahora somos libres para empezar a enmendar el daño en el Noveno Paso.

NOVENO PASO

"Enmendamos directamente el daño causado a aquellas personas siempre que nos fuera posible, excepto cuando el hacerlo perjudicaría a ellos o a otros."

No se debe evitar este paso. Si lo hiciéramos, estaríamos reservando un sitio en nuestro programa para una recaída. El orgullo, el miedo y la postergación parecen a menudo una barrera infranqueable que se interpone en el camino hacia el progreso y el crecimiento. Lo importante es actuar y estar preparados para aceptar las reacciones de las personas a las que hicimos daño. Enmendamos tales daños lo mejor que podemos.

La oportunidad adecuada es esencial en este paso. Debemos enmendar el daño causado cuando se presenta la ocasión, siempre y cuando el hacerlo no cause más daño aún. A veces no podemos hacer enmiendas porque no es posible ni práctico. En algunos casos puede que esté fuera de nuestro alcance.

Cuando no podemos ponernos en contacto con la persona a la que hemos hecho daño, la buena voluntad puede reemplazar a la acción. Sin embargo, jamás debemos dejar que la vergüenza, el miedo o la postergación nos impidan localizar a persona alguna.

Queremos librarnos de la culpabilidad, pero no deseamos hacerlo a costa de nadie. Podríamos correr el riesgo de comprometer a una tercera persona o algún compañero de nuestra época de adicción activa que no quiere verse descubierto. No tenemos derecho ni necesidad de poner en peligro a otra persona. A menudo es necesario que los demás nos orienten en estas cuestiones.

Recomendamos poner nuestros problemas legales en manos de abogados y nuestros problemas médicos o financieros en manos de profesionales. Para aprender a vivir con éxito hace falta, entre otras cosas, saber cuándo necesitamos ayuda.

Puede que todavía quede algún conflicto sin resolver en algunas viejas relaciones. Al enmendar el daño causado, hacemos la parte que nos corresponde para resolver viejos conflictos. Queremos evitar futuros antagonismos y resentimientos presentes. En muchos casos lo único que podemos hacer es abordar a la persona y pedirle humildemente que comprenda nuestros errores pasados. A veces es una buena ocasión para que viejos amigos o parientes estén dispuestos a olvidar su rencor. Acercarse a alguien que todavía sufre las consecuencias de nuestras malas acciones puede ser peligroso. Si enmendar directamente el daño causado resulta inseguro o peligroso para otras personas, quizás sea necesario enmendarlo indirectamente. Lo hacemos lo mejor que podemos y tratamos de recordar que lo hacemos por nosotros. En lugar de sentir culpa o remordimiento, nos sentimos aliviados del pasado.

Aceptamos que nuestras acciones fueron la causa de la actitud negativa. El Noveno Paso nos ayuda a superar la culpabilidad y ayuda a los demás a superar su ira. A veces la única enmienda que podemos hacer es estar limpios. Nos lo debemos a nosotros y a nuestros seres queridos. Ya no nos dedicamos a provocar desastres en la sociedad como resultado de nuestro consumo. En ocasiones la única manera de reparar el daño es contribuir con la sociedad. Ahora nos estamos ayudando y ayudamos también a otros adictos a recuperarse. Esta es una reparación extraordinaria a toda la comunidad.

En el proceso de recuperación se nos devuelve el sano juicio; parte del mismo consiste en relacionarnos bien con los demás. Cada vez tenemos menos tendencia a ver a la gente como una amenaza para nuestra seguridad. El dolor físico y la confusión mental que nos acompañaban en el pasado, son sustituidos por una auténtica sensación de seguridad. Nos acercamos con humildad y paciencia a quienes habíamos hecho daño. Muchas personas que nos aprecian puede que se muestren reacias a creer en nuestra recuperación. Debemos recordar cuánto sufrieron. Con el tiempo ocurrirán muchos milagros. Aquellos que estábamos separados de nuestras familias, en muchos casos logramos volver a entablar relaciones con ellas. Tarde o temprano les resulta más fácil aceptar nuestro cambio. El tiempo "limpio" habla por sí solo. La paciencia es un elemento importante de nuestra recuperación. El amor incondicional que sentimos renovará nuestro deseo de vivir y a cada uno de nuestros gestos positivos le corresponderá una oportunidad inesperada. Hace falta mucho valor y fe para enmendar el daño que causamos; el resultado es el crecimiento espiritual.

Nos estamos librando de las ruinas de nuestro pasado; queremos mantener nuestra casa en orden haciendo un inventario personal continuo en el Décimo Paso.

DÉCIMO PASO

"Continuamos haciendo nuestro inventario personal y cuando nos equivocábamos lo admitíamos rápidamente."

El Décimo Paso nos libera del naufragio de nuestro presente. Si no seguimos atentos a nuestros defectos, pueden acorralarnos y ponernos en una situación de la que no conseguiremos salir limpios.

Una de las primeras cosas que aprendemos en Narcóticos Anónimos es que si consumimos estamos perdidos. De igual modo, no sufriremos tanto si podemos evitar lo que nos causa dolor. Continuar haciendo un inventario personal significa adquirir la costumbre de examinar con regularidad nuestra conducta, nuestras actitudes y relaciones con los demás.

Somos criaturas de costumbre, vulnerables a nuestras viejas formas de pensar y reaccionar. A veces nos parece más fácil seguir por el mismo camino autodestructivo de siempre que probar uno nuevo aparentemente peligroso. No tenemos por qué dejarnos atrapar por nuestros viejos patrones de conducta. Hoy podemos elegir.

El Décimo Paso puede ayudarnos a corregir nuestros problemas para vivir y evitar que se repitan. Examinamos nuestra conducta del día. Algunos escribimos sobre nuestros sentimientos, explicamos cómo nos sentimos y qué papel jugamos en los problemas que se presentaron. ¿Hicimos daño a alguien? ¿Tenemos que admitir que nos equivocamos? Si nos enfrentamos con dificultades, hacemos un esfuerzo por solucionarlas. Cuando dejamos estas cosas sin hacer, encuentran la manera de envenenarnos.

Este paso puede ser una defensa contra la vieja locura. Nos permite preguntarnos si no estaremos cayendo otra vez en nuestros viejos esquemas de ira, resentimiento o miedo. ¿Nos sentimos acorralados? ¿Nos estamos buscando problemas? ¿Estamos demasiado hambrientos, enojados, solos o cansados? ¿Nos estamos tomando demasiado en serio? ¿Nos juzgamos interiormente por las apariencias externas de los demás? ¿Sufrimos algún problema físico? Las respuestas a estas preguntas pueden ayudarnos a tratar con las dificultades del momento. Ya no tenemos por qué vivir con la sensación de tener "un nudo en el estómago". Nuestras principales preocupaciones y problemas más serios derivan de nuestra inexperiencia de vivir sin drogas. A menudo, cuando preguntamos qué podemos hacer a otro adicto con mucha experiencia en recuperación, nos sorprendemos de la simplicidad de la respuesta.

El Décimo Paso puede servir de válvula de escape. Lo trabajamos cuando todavía tenemos frescos los altibajos del día. Hacemos una lista de lo que hemos hecho y tratamos de no justificar nuestra conducta. Podemos hacerlo escribiendo al final del día. ¡Lo primero que hacemos es parar! Luego nos tomamos nuestro tiempo para concedernos el privilegio de pensar. Examinamos nuestras acciones, reacciones y motivaciones. A menudo descubrimos que hemos actuado mejor de lo que nos parecia. Todo esto nos permite observar nuestras acciones y reconocer nuestros errores antes de que empeoren. Tenemos que evitar las justificaciones. Admitimos nuestras faltas rápidamente, no las explicamos.

Trabajamos este paso de forma continuada. Es una acción preventiva. Cuanto más lo practiquemos, menos necesitaremos aplicar la parte correctiva del mismo. Este paso es una herramienta importantísima para evitar que nos causemos dolor. Vigilamos nuestros sentimientos, emociones, fantasías y acciones. A través de un examen constante de nosotros podemos evitar repetir la conducta que nos hace sentir mal.

Nos hace falta este paso incluso cuando nos sentimos bien y las cosas van bien . Para nosotros sentirnos bien es algo nuevo y tenemos que cuidar estos sentimientos. En épocas difíciles podemos emplear lo que nos funcionó en los buenos momentos. Tenemos derecho a sentirnos bien. Podemos elegir. Los buenos momentos también pueden ser una trampa; existe el peligro de que olvidemos la prioridad número uno: mantenernos limpios. La recuperación para nosotros es más que un simple placer.

Debemos recordar que todos cometemos errores. Nunca seremos perfectos. Sin embargo, si usamos el Décimo Paso podemos aceptarnos. A través de un inventario personal continuo nos libramos aquí y ahora de nosotros y del pasado. Ya no justificamos nuestra existencia. Este paso nos permite ser nosotros mismos.

UNDÉCIMO PASO

Buscamos a través de la oración y la meditación mejorar nuestro contacto consciente con Dios, tal como lo concebimos, pidiéndole solamente conocer su voluntad para con nosotros y la fortaleza para cumplirla.

Los primeros diez pasos nos han permitido mejorar nuestro contacto consciente con el Dios que nosotros concebimos. Nos dieron la base para lograr los objetivos positivos que tanto buscábamos. Al entrar en esta fase de nuestro programa espiritual mediante la práctica de los diez pasos previos, la mayoría acogemos de buen grado el ejercicio de la oración y la meditación. Nuestra condición espiritual es la base para una recuperación exitosa que ofrece un crecimiento ilimitado.

Muchos empezamos a apreciar de verdad nuestra recuperación al llegar al Undécimo Paso. En él, nuestra vida cobra un sentido más profundo. Al renunciar al control, conseguimos un poder mucho más grande.

La naturaleza de nuestra creencia determinará nuestra forma de orar y meditar. Lo único que necesitamos es estar seguros de que nuestra manera de creer nos funciona. En recuperación, lo que cuentan son los resultados. Como ya se ha mencionado, nuestras oraciones parecieron funcionarnos desde el momento en que llegamos al Programa de Narcóticos Anónimos y nos rendimos ante nuestra enfermedad. El contacto consciente que aquí se describe es el resultado directo de vivir los pasos. Empleamos este paso para mejorar y mantener nuestra espiritualidad.

Cuando llegamos por primera vez a N.A., recibimos ayuda de un Poder superior a nosotros. Fue un proceso desencadenado por nuestra rendición al programa. El propósito del Undécimo Paso es tomar mayor conciencia de este poder y mejorar nuestra capacidad de usarlo como fuente de fortaleza en nuestra nueva vida.

Cuanto más mejoramos el contacto consciente con nuestro Dios a través de la oración y la meditación, más fácil es decir:

"Hágase Tu voluntad, no la mía". Si podemos pedir ayuda a Dios cuando la necesitamos, nuestra vida mejora. Las experiencias que ciertas personas cuentan sobre la meditación y sus creencias religiosas personales no siempre nos sirven. Nuestro programa no es religioso, sino espiritual. Cuando llegamos al Undécimo Paso, los defectos de caracter que nos habían causado problemas en el pasado ya han sido abordados con el trabajo de los pasos anteriores. La imagen del tipo de persona que nos gustaría ser, no es más que una visión fugaz de la voluntad de Dios para con nosotros. Nuestra perspectiva a menudo es tan limitada que sólo vemos nuestros deseos y necesidades inmediatos.

Es fácil volver a caer en nuestros viejos hábitos. Tenemos que aprender a mantener nuestra vida sobre una base espiritual sólida para asegurar nuestro crecimiento continuo y nuestra recuperación. Dios no nos impondrá su bondad, pero si se la pedimos, la tendremos. Generalmente sentimos una diferencia inmediata, pero no vemos el cambio en nuestra vida hasta más tarde. Cuando por fin logramos apartar del camino nuestros motivos egoístas, empezamos a sentir una paz que nunca creímos posible. Una moral impuesta no tiene la misma fuerza que la que adquirimos cuando somos nosotros los que elegimos vivir espiritualmente. La mayoría rezamos cuando sufrimos. Ahora aprendemos que si lo hacemos con regularidad no sufriremos tan a menudo ni tan intensamente.

Hay diferentes grupos fuera de Narcóticos Anónimos que practican la meditación. Casi todos ellos están relacionados con alguna religión o filosofía específica. El apoyo a cualquiera de estos métodos sería una violación de nuestras tradiciones y una restricción al derecho de cada individuo a tener un Dios que corresponda a su concepción personal. La meditación nos permite desarrollar la espiritualidad a nuestro modo. Algunas cosas que no nos servían en el pasado puede que nos sirvan ahora. Empezamos el día con una perspectiva nueva y una mente abierta. Sabemos que si pedimos que se cumpla la voluntad de Dios, recibiremos lo mejor para nosotros, independientemente de lo que pensemos. Esta certeza se basa en nuestra creencia y en nuestra experiencia como adictos en recuperación.

Orar es comunicar nuestras preocupaciones a un Poder superior a nosotros. A veces, cuando rezamos, sucede algo maravilloso: nos encontramos con los medios, la manera y la energía para llevar a cabo tareas por encima de nuestra capacidad. Comprendemos la fuerza ilimitada que nos brindan la oración y la rendición cotidianas, siempre y cuando no perdamos la fe y la renovemos.

Para algunos orar es pedir ayuda a Dios y meditar es escuchar su respuesta. Aprendemos a tener cuidado de pedir cosas concretas. Rezamos para que Dios nos muestre su voluntad y nos ayude a cumplirla. En algunos casos nos muestra su voluntad con tanta claridad que nos resulta fácil verla. En otros, nuestro *ego* es tan fuerte que no podemos aceptar la voluntad de Dios sin una nueva lucha y una nueva rendición. Si pedimos a Dios que elimine las influencias que nos distraen, la calidad de nuestras oraciones suele mejorar y notamos la diferencia. La oración requiere práctica y debemos recordar que nadie nace sabiendo. La experiencia se adquiere con tiempo y mucho esfuerzo. Buscamos a través de la oración un contacto consciente con nuestro Dios; en la meditación lo logramos. El Undécimo Paso nos ayuda a mantenerlo.

Es posible que hayamos conocido muchas religiones y disciplinas de meditación antes de llegar a Narcóticos Anónimos. Algunos terminamos destrozados y completamente. confundidos con esas prácticas. Estábamos seguros de que era voluntad de Dios que consumiéramos drogas para alcanzar un estado de conciencia más elevado. Muchos nos encontramos en estados rarísimos como resultado de tales prácticas. Jamás sospechamos que los efectos devastadores de nuestra adicción fueran la raíz de nuestros problemas y continuábamos hasta el final cualquier camino que nos ofreciera esperanza.

En tranquilos momentos de meditación, la voluntad de Dios puede hacérsenos evidente. Aquietar la mente mediante la meditación nos ayuda a lograr una paz interior que nos pone en contacto con el Dios que llevamos dentro. Una premisa básica de la meditación es parar la mente; de otro modo es difícil, sino imposible, alcanzar un contacto consciente. Para poder hacer algún progreso debe detenerse esa habitual sucesión ininterrumpida de pensamientos. Así pues, nuestra práctica preliminar debe tender a parar la mente y a dejar que los pensamientos que surjan mueran de muerte natural. A medida que la meditación del Undécimo Paso se convierte en realidad, dejamos atrás nuestros pensamientos.

El equilibrio emocional es uno de los primeros resultados de la meditación, y nuestra experiencia lo confirma. Algunos llegamos al programa destrozados, nos quedamos durante un tiempo únicamente para encontrar a Dios o la salvación en algún culto religioso u otro. Es fácil salir por la puerta volando en una nube de fervor religioso y olvidar que somos adictos con una enfermedad incurable.

Se dice que para que la meditación tenga algún valor, el resultado se debe ver en nuestra vida cotidiana. Tal es lo que está implícito en el Undécimo Paso: ". . . Su voluntad para con nosotros y la fortaleza para cumplirla." Para aquellos que no rezamos, la meditación es la única forma de trabajar este paso.

Si oramos es porque nos da paz y nos devuelve la confianza y el valor. Nos ayuda a vivir una vida libre de miedo y desconfianza. Cuando eliminamos nuestros motivos egoístas y rezamos para dejarnos guiar, descubrimos un sentimiento de paz y serenidad. Empezamos a tomar conciencia de los otros y a identificarnos con ellos como jamás nos hubiera sido posible antes de trabajar este paso.

A medida que buscamos nuestro contacto personal con Dios, empezamos a abrirnos como una flor al sol. Comenzamos a comprender que el amor de Dios siempre ha estado presente esperando que lo aceptáramos. Hacemos el trabajo que nos toca y aceptamos lo que desinteresadamente recibimos a diario. Nos damos cuenta de que depender de Dios cada vez nos resulta más cómodo.

Cuando llegamos al programa, generalmente pedimos muchas cosas que nos parecen deseos y necesidades importantes. Al ir madurando espiritualmente y encontrar un Poder superior a nosotros, nos damos cuenta de que en la medida en que nuestras necesidades espirituales estén satisfechas, nuestros problemas cotidianos se reducen a un punto en el que no resultan tan incómodos. Cuando olvidamos donde radica nuestra auténtica fortaleza, rápidamente volvemos a caer en los mismos esquemas de pensar y actuar que nos trajeron a este programa. Con el tiempo redefinimos nuestras creencias y nuestra comprensión hasta ver que lo que más necesitamos es conocer la voluntad de Dios para con nosotros y obtener la fortaleza para cumplirla. Podemos dejar de lado nuestras preferencias personales porque aprendemos que la voluntad de Dios para con nosotros consiste precisamente en aquellas cosas que más valoramos. La voluntad de Dios para con nosotros se convierte en nuestra propia y verdadera voluntad. Este cambio se produce de una manera intuitiva que no se puede explicar adecuadamente con palabras.

Cada vez estamos más dispuestos a dejar que los otros sean como son, sin tener que juzgarlos. La necesidad imperiosa de resolverlo todo ha desaparecido. Al principio no podíamos comprender la aceptación; ahora sí.

Sabemos que independientemente de lo que nos brinda el día, Dios nos ha dado todo lo necesario para nuestro bienestar espiritual. Es bueno que admitamos nuestra impotencia, porque Dios es lo suficientemente poderoso para ayudarnos a permanecer limpios y a disfrutar de nuestro progreso espiritual. Dios nos está ayudando a poner nuestra casa en orden.

Comenzamos a ver más claramente la realidad. A través del contacto continuo con nuestro Poder Superior, empezamos a recibir las respuestas que buscábamos y adquirimos la capacidad para hacer lo que antes no podíamos. Respetamos las creencias de los demás. Te animamos a buscar fortaleza y orientación según tu creencia.

Estamos agradecidos a este paso porque empezamos a lograr lo mejor para nosotros. A veces rezábamos para obtener lo que deseábamos y una vez que lo teníamos terminábamos atrapados. Es posible que pidamos algo, lo consigamos y después tengamos que rezar para que nos lo quiten porque no podemos con ello.

Esperamos que tras haber aprendido el poder de la oración y la responsabilidad que ésta entraña, podamos usar el Undécimo Paso como guía para nuestro programa diario.

Comenzamos a rezar sólo para conocer la voluntad de Dios para con nosotros. De este modo conseguimos únicamente lo que somos capaces de manejar. Podemos responder y tratar con ello porque Dios nos ayuda a prepararnos. Algunos simplemente agradecemos la gracia de Dios con nuestras propias palabras.

Abordamos este paso una y otra vez con una actitud de rendición y humildad para recibir de Dios, tal como lo concebimos, el don del conocimiento y la fortaleza. El Décimo Paso borra los errores del presente para que podamos trabajar el Undécimo. Sin este paso es poco probable que podamos sentir un despertar espiritual, practicar los principios espirituales en nuestra vida o llevar un mensaje capaz de atraer a otros adictos hacia la recuperación. Existe un principio espiritual que consiste en dar lo que hemos recibido de Narcóticos Anónimos para poder conservarlo. Al ayudar a otros adictos en recuperación, podemos disfrutar del beneficio de la riqueza espiritual que hemos hallado. Debemos dar desinteresadamente y con agradecimiento lo que se nos ha dado del mismo modo.

DUODÉCIMO PASO

"Habiendo obtenido un despertar espiritual como resultado de estos pasos, tratamos de llevar este mensaje a los adictos y de practicar estos principios en todos los aspectos de nuestra vida."

Llegamos a Narcóticos Anónimos como resultado del naufragio de nuestro pasado. Lo último que esperábamos era un despertar espiritual. Solamente queríamos dejar de sufrir.

Los pasos nos llevan a un despertar de naturaleza espiritual que se manifiesta en los cambios de nuestra vida. Estos cambios mejoran nuestra capacidad para vivir mediante principios espirituales y para llevar el mensaje de recuperación y esperanza al adicto que todavía sufre. El mensaje, sin embargo, no tiene sentido a menos que lo VIVAMOS. A medida que lo practicamos, nuestra vida y acciones le dan más sentido de lo que le pueden dar nuestras palabras y literatura.

La idea de un despertar espiritual tiene distintas formas según las diferentes personalidades que encontramos en la confraternidad. Sin embargo, todos los despertares espirituales tienen algo en común: el fin de la soledad y un sentido de orientación en nuestra vida. Muchos creemos que un despertar espiritual carece de significado si no va acompañado de una mayor paz mental y una preocupación por los demás. Para mantener dicha paz, nos esforzamos por vivir aquí y ahora.

Los que hemos trabajado estos pasos lo mejor que pudimos, hemos recibido grandes beneficios. Creemos que son el resultado directo de vivir este programa.

Al principio, cuando empezamos a disfrutar del alivio de nuestra adicción, corremos el riesgo de querer retomar el control de nuestra vida. Olvidamos la agonía y el dolor pasados. Cuando consumíamos, nuestra enfermedad controlaba nuestra vida. Está preparada y a la espera de tomar otra vez el mando. Nos olvidamos rápido de que en el pasado todos los esfuerzos para controlar nuestra vida fallaron.

Al llegar aquí, la mayoría nos damos cuenta de que la única forma de conservar lo que se nos ha dado, es compartir este don de una vida nueva con el adicto que todavía sufre. Este es nuestro mejor seguro para no recaer en la tortuosa existencia de la adicción activa. Lo llamamos "llevar el mensaje" y lo hacemos de muchas maneras.

En el Duodécimo Paso practicamos el principio espiritual de compartir el mensaje de recuperación de N.A. para poder conservarlo. Incluso un miembro con un día limpio en la Confraternidad de N.A. puede llevar el mensaje de que este programa funciona.

Cuando compartimos con alguien nuevo, podemos pedir a nuestro Poder Superior que nos utilice como instrumento espiritual. No asumimos el papel de dioses. Cuando compartimos con una persona nueva, a menudo pedimos ayuda a otro adicto en recuperación. Es un privilegio poder responder a un grito de ayuda. Después de haber estado en el abismo de la desesperación, nos sentimos afortunados de poder ayudar a otros a recuperarse.

Ayudamos a los nuevos a aprender los principios de Narcóticos Anónimos. Intentamos que se sientan bienvenidos y que conozcan lo que este programa puede ofrecer. Compartimos nuestra experiencia, fortaleza y esperanza. Siempre que podemos acompañamos a los recién llegados a una reunión.

Este servicio desinteresado es el principio propiamente dicho del Duodécimo Paso. Recibimos nuestra recuperación de Dios, tal como lo concebimos. Ahora nos ponemos a su disposición para convertirnos en su instrumento con el propósito de compartir la recuperación con quien la busca. La mayoría aprendemos que sólo se puede llevar el mensaje a alguien que pide ayuda. A veces, el poder del ejemplo es el único mensaje que puede hacer que el adicto que todavía sufre tienda la mano pidiendo ayuda. Un adicto puede estar sufriendo, pero sin embargo no estar dispuesto a pedir ayuda. Se trata de estar a disposición de estas personas, de modo que cuando nos necesiten, ahí nos encontrarán.

Aprender a ayudar a los demás es un beneficio del programa de Narcóticos Anónimos. Por más extraordinario que parezca, trabajar los Doce Pasos nos lleva de la humillación y desesperación a poder actuar como instrumentos de nuestro Poder Superior. Se nos brinda la capacidad de ayudar a un compañero adicto cuando nadie más puede. Vemos que sucede entre nosotros todos los días. Este milagroso cambio de posición es la evidencia del despertar espiritual. Compartimos cómo ha sido para nosotros basados en nuestra experiencia personal. La tentación de dar consejos es enorme, pero si los damos, perdemos el respeto de los recién llegados. Es algo que enturbia nuestro mensaje. Un mensaje de recuperación sencillo y honesto siempre suena auténtico.

Asistimos a las reuniones y tratamos de estar asequibles y dispuestos a servir a la confraternidad. Brindamos desinteresada y agradecidamente nuestro tiempo, nuestro servicio y todo lo que hemos hallado aquí. El servicio de Narcóticos Anónimos al que nos referimos es el propósito primordial de nuestros grupos. La tarea del servicio es llevar el mensaje al adicto que todavía sufre. Cuanto más resueltamente nos pongamos a trabajar, más fructífero será nuestro despertar espiritual.

La primera forma de llevar el mensaje habla por sí sola: la gente que nos ve en la calle y nos recuerda como seres tortuosos, asustados y solitarios, nota que el miedo ha desaparecido de nuestro rostro y que poco a poco regresamos a la vida.

Una vez descubierta la recuperación a la manera de N.A., en nuestra nueva vida no hay sitio para el aburrimiento y la complacencia. Manteniéndonos limpios empezamos a practicar principios espirituales tales como la esperanza, la entrega, la aceptación, la honestidad, la receptividad, la buena voluntad, la fe, la tolerancia, la paciencia, la humildad, el amor incondicional, el compartir y el interés en los demás. A medida que nuestra recuperación avanza, estos principios espirituales tocan cada una de las áreas de nuestra vida, simplemente porque intentamos vivir este programa aquí y ahora.

Cuando empezamos a aprender a vivir de acuerdo a los principios de recuperación, descubrimos la alegría. La alegría de ver a una persona que lleva dos días limpia decirle a otra que lleva sólo uno: "Un adicto solo está en mala compañía." La alegría de ver a alguien que tras haber luchado duramente, de pronto se da cuenta que al tratar de ayudar a otro adicto a mantenerse limpio, es capaz de encontrar las palabras que necesita para pasar el mensaje de recuperación.

Sentimos que empieza a valer la pena vivir. Estamos contentos de estar vivos gracias a esta renovación espiritual. Cuando consumíamos, nuestra vida se había convertido en un ejercicio de supervivencia. Ahora nos dedicamos mucho más a vivir que a sobrevivir. Al comprender que lo esencial es mantenernos limpios, podemos disfrutar de la vida. Nos gusta estar limpios y disfrutamos llevando el mensaje de recuperación al adicto que todavía sufre. Asistir a las reuniones realmente funciona.

La práctica de los principios espirituales en nuestra vida cotidiana nos proporciona una nueva imagen de nosotros mismos. La honestidad, la humildad y la buena voluntad nos ayudan a tratar a nuestros compañeros equitativamente. Nuestras decisiones se moderan con la tolerancia. Aprendemos a respetarnos.

Las lecciones que aprendemos en nuestra recuperación, a veces son amargas y dolorosas. La recompensa que recibimos al ayudar a los demás es el respeto a nosotros mismos, puesto que podemos compartir estas lecciones con otros miembros de Narcóticos Anónimos. No podemos negar el dolor que sienten otros adictos, pero podemos llevar el mensaje de esperanza que otros adictos en recuperación nos ofrecieron a nosotros. Compartimos cómo han funcionado en nuestra vida los principios de la recuperación. Mientras nos ayudamos mutuamente, Dios nos ayuda a todos. La vida adquiere un nuevo significado, una nueva alegría y nosotros una nueva forma de ser y sentirnos útiles. Nos renovamos espiritualmente y estamos contentos de estar vivos. Nuestro despertar espiritual proviene en parte de una nueva comprensión de nuestro Poder Superior desarrollada al compartir la recuperación de otro adicto.

Sí, somos una visión de esperanza. Somos ejemplos de un programa que funciona. La alegría que sentimos de vivir limpios atrae al adicto que todavía sufre.

Nos recuperamos para vivir limpios y felices. Bienvenido a N.A. Los pasos no terminan aquí. ¡Son un nuevo comienzo!

CAPÍTULO CINCO
¿QUÉ PUEDO HACER?

Comienza tu propio programa con el Primer Paso del capítulo anterior, "Cómo funciona". Cuando admitimos completamente en lo más íntimo de nuestro ser que somos impotentes ante nuestra adicción, hemos dado un gran paso en nuestra recuperación. Muchos hemos tenido nuestras reservas al llegar a este punto, así que puedes darte una oportunidad y tratar de ser lo más minucioso posible desde el principio. Continúa con el Segundo Paso y así sucesivamente. A medida que avances llegarás por ti mismo a comprender el programa. Si estás en algún tipo de institución y en este momento has dejado de consumir, puedes probar esta forma de vida con una mente despejada.

Cuando salgas, sigue tu programa diariamente y ponte en contacto con un miembro de N.A. por carta, por teléfono o personalmente. Mejor aún, ven a nuestras reuniones. Aquí hallarás las respuestas a algunas cuestiones que ahora pueden estar perturbándote.

Puedes hacer lo mismo aunque no estés en una institución. Deja de consumir sólo por hoy. La mayoría podemos hacer durante ocho o doce horas lo que parece imposible durante un período más largo. Si la obsesión o la compulsión se hacen demasiado fuertes trata de no consumir de cinco en cinco minutos. Los minutos se convertirán en horas y las horas en días, así romperás el hábito y obtendrás un poco de tranquilidad mental. El verdadero milagro sucede cuando te das cuenta que de alguna manera ha desaparecido la necesidad de tomar drogas. Has dejado de consumir y empezado a vivir.

El primer paso hacia la recuperación es dejar de consumir. No podemos esperar que el programa nos funcione si nuestro cuerpo y nuestra mente todavía están nublados por las drogas. Podemos parar en cualquier lugar, incluso en la cárcel o en una institución. Lo hacemos como podemos —sin ningún tipo de tratamiento o bien en un centro de desintoxicación— con tal de quedar limpios.

Podemos emprender el proyecto de desarrollar el concepto de Dios tal como lo concebimos. También podemos usar los pasos para mejorar nuestras actitudes. Nuestras mejores ideas nos metieron en problemas, reconozcamos la necesidad de cambiar. Nuestra enfermedad abarca mucho más que el consumo de drogas, por lo tanto nuestra recuperación debe ser mucho más que la simple abstinencia. La recuperación es un cambio constante de nuestras ideas y actitudes.

La capacidad para enfrentar problemas es necesaria para mantenernos limpios. Si tuvimos problemas en el pasado, es improbable que la simple abstinencia pueda solucionarlos. La culpabilidad y la preocupación pueden impedir que vivamos aquí y ahora. La negación de nuestra enfermedad, así como otras reservas, nos mantiene enfermos. Muchos tenemos la sensación de que no es posible vivir una vida feliz sin drogas. Sufrimos de miedo y locura, nos parece que no hay manera de escapar del consumo. Puede que temamos el rechazo de nuestros amigos si estamos limpios. Estos sentimientos son comunes entre los adictos que quieren recuperarse. Tal vez suframos de un *ego* demasiado sensible. Las excusas más comunes para consumir son la soledad, la autocompasión y el miedo. La deshonestidad, una mente cerrada y la desgana son tres de nuestros peores enemigos. La autoobsesión es el eje de nuestra enfermedad.

Hemos aprendido que nuestras viejas ideas y formas de actuar no nos ayudarán a mantenernos limpios y vivir mejor. Si nos permitimos estancarnos y nos aferramos a quedarnos en la "cresta de la ola" mortal y terminal, nos abandonamos a los síntomas de nuestra enfermedad. Uno de nuestros problemas es que siempre nos ha parecido más fácil cambiar nuestra percepción de la realidad que la realidad propiamente dicha. Debemos renunciar a este viejo concepto y enfrentar el hecho de que la vida y la realidad siguen su curso, decidamos aceptarlas o no. Lo único que podemos cambiar es nuestra forma de reaccionar y la forma en que nos vemos a nosotros mismos. Tenemos que aceptar que el cambio es gradual y que la recuperación es un proceso continuo.

Por lo menos los primeros noventa días, sería buena idea asistir a una reunión diaria. Cuando los adictos descubren a otras personas que comparten sus dificultades pasadas y presentes, sienten algo especial. Al principio no podemos hacer mucho más que ir a las reuniones. Probablemente no recordemos ni una sola palabra, persona o pensamiento de nuestra primera reunión, pero con el tiempo conseguimos relajarnos y gozar del ambiente de recuperación. Las reuniones fortalecen nuestra recuperación. Al principio puede que estemos asustados porque no conocemos a nadie. Algunos hasta pensamos que no necesitamos reuniones. Sin embargo, cuando sufrimos, vamos a una reunión y encontramos alivio. Allí nos mantenemos en contacto con lo que hemos sido, pero sobre todo, descubrimos hacia dónde podemos ir en nuestra recuperación. A medida que asistimos regularmente a las reuniones, aprendemos el valor de hablar con otros adictos que comparten nuestros problemas y objetivos. Tenemos que abrirnos y aceptar el cariño y la comprensión que nos hace falta para cambiar. Cuando nos familiarizamos con la confraternidad y sus principios y empezamos a ponerlos en práctica, comenzamos a crecer. Nos esforzamos con nuestros problemas más evidentes y dejamos de lado el resto. Hacemos el trabajo inmediato; a medida que progresemos irán surgiendo por sí solas nuevas oportunidades para mejorar.

Nuestros nuevos amigos de la confraternidad nos ayudarán. La recuperación es nuestro esfuerzo común. Limpios, podemos afrontar juntos el mundo. Ya no tenemos por qué sentirnos acorralados, a merced de los acontecimientos y circunstancias. Tener amigos que se preocupan cuando sufrimos es otra cosa. Encontramos nuestro lugar en la confraternidad y nos integramos en un grupo cuyas reuniones nos ayudan en nuestra recuperación. Durante tanto tiempo hemos sido indignos de confianza, que la mayor parte de nuestros amigos y familiares dudarán de nuestra recuperación; piensan que no durará. Necesitamos personas que entiendan nuestra enfermedad y el proceso de recuperación. En las reuniones podemos compartir con otros adictos, hacer preguntas y aprender sobre nuestra enfermedad. Aprendemos a vivir de otra manera. Ya no estamos limitados a nuestras viejas ideas.

Poco a poco reemplazamos nuestros viejos hábitos por nuevas formas de vida y estamos dispuestos a cambiar. Asistimos regularmente a reuniones, pedimos números de teléfono y los usamos, leemos literatura, y lo más importante: no consumimos. Aprendemos a compartir con los demás. Si no le decimos a nadie que estamos sufriendo, difícilmente lo verán. Si pedimos ayuda, podemos recibirla.

Otra herramienta para el recién llegado es integrarse en la confraternidad. A medida que nos integramos aprendemos a poner el programa en primer lugar y a tomarnos con calma otros asuntos. Empezamos por pedir ayuda y poner en práctica las sugerencias que nos hacen en las reuniones. Es beneficioso permitir que otras personas del grupo nos ayuden. Con el tiempo, nosotros también podremos trasmitir lo que nos han dado. Aprendemos que el servicio a los demás nos ayuda a salir de nosotros mismos. Podemos empezar haciendo pequeños trabajos: vaciar ceniceros, hacer el café, limpiar y preparar el local, abrir la puerta, moderar la reunión, repartir literatura. Todo esto nos ayuda a sentirnos parte de la confraternidad.

Hemos descubierto que es provechoso tener un padrino y usarlo. El padrinazgo es como una calle de doble dirección: sirve tanto al recién llegado como al padrino. La experiencia y el tiempo limpio de un padrino puede que dependan mayormente de la disponibilidad de padrinos en tu zona. El padrinazgo de los nuevos es también responsabilidad del grupo. Aunque se aborde de manera implícita e informal, esta relación es la esencia de la manera que tenemos en N.A. de recuperarnos de la adicción: un adicto ayuda a otro.

Uno de los cambios más profundos en nuestra vida se produce en el ámbito de las relaciones personales. A menudo la relación con nuestro padrino es el primer contacto que establecemos. Como recién llegados nos resulta más fácil tener alguien cuyo criterio nos inspira confianza. Descubrimos que confiar en otras personas con más experiencia no es un signo de debilidad sino de fortaleza. Nuestra experiencia demuestra que trabajar los pasos es la mejor garantía contra una recaída. Nuestro padrino y nuestros amigos pueden orientarnos sobre la forma de hacerlo. Podemos hablar con ellos sobre su significado y es posible que nos ayuden a prepararnos para la experiencia espiritual de vivir los pasos. Pedir ayuda a Dios, tal como lo concebimos, nos ayuda a mejorar nuestra comprensión de los pasos. Cuando estemos preparados, debemos probar la nueva forma de vida que acabamos de descubrir. Aprendemos que el programa no funciona cuando intentamos adaptarlo a nuestra vida. Debemos aprender a adaptar nuestra vida al programa.

Hoy en día no buscamos problemas, sino soluciones. Probamos a través de la experiencia lo que hemos aprendido. Conservamos lo que necesitamos y dejamos de lado el resto. Descubrimos que si trabajamos los pasos, estamos en contacto con nuestro Poder Superior, hablamos con nuestro padrino y compartimos con los recién llegados, podemos crecer espiritualmente.

Los Doce Pasos se emplean como programa de recuperación. Aprendemos que podemos dirigirnos a nuestro Poder Superior para que nos ayude a resolver problemas. Al compartir las dificultades que antes nos hacían huir, experimentamos sentimientos positivos que nos dan la fuerza para empezar a buscar la voluntad de Dios para con nosotros.

Creemos que nuestro Poder Superior cuidará de nosotros.

Si intentamos honestamente cumplir la voluntad de Dios lo mejor que podamos, podremos hacer frente a cualquier cosa que ocurra. La búsqueda de la voluntad de Dios es un principio espiritual presente en los pasos. Trabajar los pasos y practicar los principios simplifica nuestra vida y cambia nuestras viejas actitudes. Cuando admitimos que nuestra vida se ha vuelto ingobernable, ya no tenemos que defender nuestro punto de vista. Debemos aceptarnos tal como somos. Ya no tenemos que tener razón a toda costa. Si nos concedemos la libertad de equivocarnos, también podemos permitírsela a los demás. La libertad para cambiar parece provenir de la autoaceptación.

Compartir con otros adictos de la confraternidad es una herramienta básica de nuestro programa. Esta ayuda sólo puede proceder de otro adicto. Nos ayudamos cuando decimos: "A mí me pasó lo mismo e hice lo siguiente..." No damos sermones ni juzgamos, sino que compartimos nuestra experiencia, fortaleza y esperanza con todos los que deseen nuestra forma de vida. Si conseguimos ayudar a una sola persona compartiendo la experiencia de nuestro sufrimiento, nuestro dolor habrá valido la pena. Fortalecemos nuestra propia recuperación cuando la compartimos con quienes piden ayuda. Si nos guardamos lo que tenemos para compartir, lo perderemos. Las palabras no significan nada a menos que las pongamos en práctica.

Reconocemos nuestro crecimiento espiritual cuando somos capaces de tender la mano y ayudar a otros. Ayudamos a los demás cuando participamos en los trabajos de servicio y tratamos de llevar el mensaje de recuperación al adicto que todavía sufre. Aprendemos que sólo podemos conservar lo que tenemos compartiéndolo. Además, nuestra experiencia nos demuestra que muchos problemas personales se resuelven cuando salimos de nosotros mismos y ofrecemos ayuda a aquellos que la necesitan. Reconocemos que un adicto es la persona que mejor puede comprender y ayudar a otro adicto. Por mucho que se dé, siempre habrá otro adicto buscando ayuda.

No podemos darnos el lujo de perder de vista la importancia del padrinazgo y de interesarnos especialmente por el adicto confundido que quiere dejar de consumir. La experiencia nos demuestra claramente que los que sacan más provecho del Programa de Narcóticos Anónimos son aquellos para quienes el padrinazgo es importante. El padrinazgo implica responsabilidades que recibimos y aceptamos de buen grado como una oportunidad para enriquecer nuestra experiencia personal en N.A.

Trabajar con otros es sólo el comienzo del servicio. El servicio en N.A. nos permite invertir gran parte de nuestro tiempo en ayudar directamente a los adictos que sufren y al mismo tiempo asegurar la supervivencia de Narcóticos Anónimos. Es así como conservamos lo que tenemos: compartiéndolo.

CAPÍTULO SEIS
LAS DOCE TRADICIONES DE NARCÓTICOS ANÓNIMOS

La única forma de mantener lo que tenemos es a través de la vigilancia y así como la libertad para el individuo proviene de los Doce Pasos, la libertad colectiva emana de nuestras tradiciones.

Siempre que los lazos que nos unan sean más fuertes que aquéllos que puedan separarnos, todo marchará bien.

1. *Nuestro bienestar común debe tener prioridad; la recuperación personal depende de la unidad de N.A.*

2. *Para el propósito de nuestro grupo sólo hay una autoridad fundamental: un Dios bondadoso tal como pueda manifestarse en nuestra conciencia de grupo. Nuestros líderes no son más que servidores de confianza; no gobiernan.*

3. *El único requisito para ser miembro es el deseo de dejar de consumir.*

4. *Cada grupo debe ser autónomo, excepto en asuntos que afecten a otros grupos o a N.A. en su totalidad.*

5. *Cada grupo tiene un solo propósito primordial: llevar el mensaje al adicto que todavía sufre.*

6. *Un grupo de N.A. nunca debe respaldar, financiar ni prestar el nombre de N.A. a ninguna entidad allegada o empresa ajena, para evitar que problemas de dinero, propiedad o prestigio nos desvíen de nuestro propósito primordial.*

7. *Todo grupo de N.A. debe mantenerse a sí mismo completamente, negándose a recibir contribuciones externas.*

8. *Narcóticos Anónimos nunca tendrá carácter profesional, pero nuestros centros de servicio pueden emplear trabajadores especializados.*

9. *N.A., como tal, nunca debe ser organizada, pero podemos crear juntas o comités de servicio que sean directamente responsables ante aquéllos a quienes sirven.*

10. *N.A. no tiene opinión sobre cuestiones ajenas a sus actividades; por lo tanto su nombre nunca debe mezclarse en polémicas públicas.*

11. *Nuestra política de relaciones públicas se basa más bien en la atracción que en la promoción; necesitamos mantener siempre nuestro anonimato personal ante la prensa, la radio y el cine.*

12. *El anonimato es la base espiritual de todas nuestras tradiciones, recordándonos siempre anteponer los principios a las personalidades.*

La comprensión de estas tradiciones es un proceso lento que requiere tiempo. A medida que hablamos con otros miembros y visitamos diversos grupos vamos recopilando información. En general, hasta que no nos integramos en el servicio no nos enteramos de que "la recuperación personal depende de la unidad de N.A.", y la unidad depende de lo bien que sigamos nuestras tradiciones. Las Doce Tradiciones de N.A. no son negociables. Son las pautas que aseguran la vida y la libertad de nuestra confraternidad.

Al seguir estas pautas en nuestras relaciones con los demás y con la sociedad en su conjunto, evitamos muchos problemas. Esto no quiere decir que nuestras tradiciones eliminen todos los problemas. En todo caso tenemos que enfrentar las dificultades a medida que se presenten: problemas de comunicación, diferencias de opinión, controversias internas y problemas con individuos y grupos ajenos a la confraternidad. Sin embargo, cuando aplicamos estos principios, evitamos algunos peligros latentes.

Muchos de nuestros problemas son similares a los que tuvieron que enfrentar nuestros predecesores. Esta experiencia, duramente adquirida, dio origen a las tradiciones. Nuestra propia experiencia nos ha demostrado que estos principios tienen hoy la misma validez que cuando fueron formulados. Las tradiciones nos protegen de las fuerzas internas y externas que podrían destruirnos. Son los vínculos auténticos que nos unen. Sólo funcionan si las comprendemos y aplicamos.

PRIMERA TRADICIÓN

"Nuestro bienestar común debe tener prioridad; la recuperación personal depende de la unidad de N.A."

Nuestra Primera Tradición se ocupa de la unidad y nuestro bienestar común. Uno de los aspectos más importantes de nuestra nueva forma de vida es pertenecer a un grupo de adictos en busca de recuperación. Nuestra supervivencia está directamente relacionada con la supervivencia del grupo y de la confraternidad. Para mantener la unidad dentro de Narcóticos Anónimos, la estabilidad del grupo es imperativa, de otro modo la confraternidad entera sucumbiría y el individuo moriría.

La recuperación nos fue imposible hasta que llegamos a N.A. Este programa puede hacer por nosotros, lo que nosotros no pudimos hacer por nuestra cuenta. Nos integramos en un grupo y descubrimos que podíamos recuperarnos. Vimos que aquellos que no continuaban formando parte activa de la confraternidad se enfrentaban a un duro camino. El individuo es un elemento valioso para el grupo, así como el grupo para el individuo. Nunca habíamos experimentado el tipo de atención y cuidado personal que encontramos en el programa. Nos aceptan y nos quieren por lo que somos, no a pesar de ello. Nadie puede revocar nuestra condición de miembros ni obligarnos a hacer lo que no queremos. Practicamos esta forma de vida siguiendo ejemplos más que instrucciones. Compartimos nuestra experiencia y aprendemos los unos de los otros. Durante nuestra adicción activa, constantemente poníamos nuestros deseos personales por encima de todo. En Narcóticos Anónimos descubrimos que lo mejor para el grupo, por lo general es bueno para nosotros.

Cuando consumíamos, nuestras experiencias personales diferían. Como grupo, sin embargo, hemos descubierto muchos puntos comunes en nuestra adicción. Uno de ellos era la necesidad de demostrar autosuficiencia. Nos habíamos convencido a nosotros mismos de que podíamos hacerlo solos y actuábamos en consecuencia. Los resultados fueron desastrosos y al final cada uno tuvo que admitir que la autosuficiencia era una mentira. Reconocerlo fue el punto de partida de nuestra recuperación y es el elemento primordial de la unidad de la confraternidad. Así como había puntos en común en nuestra adicción activa, también hay mucho en común en nuestra recuperación: compartimos el deseo de mantenernos limpios. Hemos aprendido a depender de un Poder superior a nosotros. Nuestro propósito es llevar el mensaje al adicto que todavía sufre. Nuestras tradiciones son las pautas que nos protegen de nosotros mismos. Son nuestra unidad.

La unidad en Narcóticos Anónimos es indispensable. Esto no significa que no tengamos nuestros desacuerdos y conflictos; los tenemos. Siempre que las personas se reúnen hay diferencias de opinión. Sin embargo podemos estar en desacuerdo sin necesidad de ser desagradables. Repetidas veces en momentos de crisis hemos dejado a un lado nuestras diferencias y trabajado por el bienestar común. Hemos visto a dos miembros que generalmente no se llevan bien, trabajar juntos con un recién llegado; a un grupo hacer pequeñas tareas para pagar el alquiler del local de reunión; a miembros viajar cientos de kilómetros para apoyar a un grupo nuevo. Estas actividades, y muchas otras, son corrientes en nuestra confraternidad. Sin ellas N.A. no podría sobrevivir.

Debemos convivir y trabajar unidos como grupo para asegurar que nuestro barco no se hunda en una tormenta y nuestros miembros no se ahoguen. Con fe en un Poder superior a nosotros, trabajo duro y unidad, sobreviviremos y seguiremos llevando el mensaje al adicto que todavía sufre.

SEGUNDA TRADICIÓN

"Para el propósito de nuestro grupo sólo hay una autoridad fundamental: un Dios bondadoso tal como pueda manifestarse en nuestra conciencia de grupo. Nuestros líderes no son más que servidores de confianza; no gobiernan."

En Narcóticos Anónimos procuramos protegernos de nosotros mismos y la Segunda Tradición es un buen ejemplo. Somos personas testarudas y egocéntricas por naturaleza que de golpe nos encontramos en N.A. Somos malos administradores y ninguno de nosotros es capaz de tomar buenas decisiones constantemente.

En Narcóticos Anónimos nos fiamos más de un Dios bondadoso tal como pueda manifestarse en nuestra conciencia de grupo, que de las opiniones personales o el *ego*. Al trabajar los pasos, aprendemos a depender de un Poder superior a nosotros y a emplearlo para el propósito de nuestro grupo. Debemos cuidar constantemente que nuestras decisiones sean la expresión auténtica de la voluntad de Dios. A menudo hay una enorme diferencia entre la conciencia del grupo y la opinión del grupo, dictada muchas veces por personalidades fuertes o populares. Algunas de nuestras experiencias de crecimiento más dolorosas han sido el resultado de decisiones tomadas en nombre de la conciencia de grupo. Los principios espirituales verdaderos nunca son conflictivos; en realidad se complementan. La conciencia espiritual del grupo jamás está en contradicción con las tradiciones.

La Segunda Tradición se ocupa de la naturaleza del liderazgo en N.A. Hemos aprendido que en nuestra confraternidad, el liderazgo que funciona es el del ejemplo y el servicio desinteresado; la dirección y la manipulación fracasan. Elegimos no tener presidentes, jefes, ni directores, sino secretarios, tesoreros y representantes. Estos títulos implican servicio, no control. Nuestra experiencia nos demuestra que si un grupo se convierte en la prolongación de la personalidad de un líder o un miembro, pierde eficacia. El ambiente de recuperación de nuestros grupos es uno de los bienes más valiosos y debemos protegerlo cuidadosamente para no perdernos en política y personalidades.

A los que hemos participado en servicio o en la formación de un grupo, a veces nos cuesta mucho soltar las riendas. El *ego*, el orgullo sin fundamento y la terquedad, si tienen autoridad, destruyen un grupo. Debemos recordar que estos servicios nos han sido confiados, que somos servidores de confianza, y que en ningún momento ninguno de nosotros manda. Narcóticos Anónimos es un programa otorgado por Dios, y sólo podemos conservar la dignidad de nuestro grupo con la conciencia colectiva y el amor de Dios.

Algunos se resistirán. Muchos, sin embargo, se convertirán en modelos para los recién llegados. Los egoístas muy pronto se encontrarán al margen causando desacuerdo y a la larga su propio desastre. Muchos de ellos cambian; aprenden que sólo puede gobernarnos un Dios bondadoso tal como se manifiesta en nuestra conciencia de grupo.

TERCERA TRADICIÓN

"El único requisito para ser miembro es el deseo de dejar de consumir."

Esta tradición es tan importante para el individuo como para el grupo. Deseo es la palabra clave; el deseo es la base de nuestra recuperación. En nuestras historias y en nuestra experiencia tratando de llevar el mensaje al adicto que todavía sufre, el mismo hecho doloroso se repite una y otra vez: si un adicto no quiere dejar de consumir, no lo hará. Se puede analizar, aconsejar, razonar, rezar, amenazar, castigar, pero no parará hasta que quiera. Lo único que pedimos a nuestros miembros es que tengan este deseo. Sin él están condenados, pero con él ocurrirán milagros.

El deseo es nuestro único requisito. La adicción no discrimina. Esta tradición asegura a cualquier adicto la libertad de practicar el modo de vida de N.A., independientemente de la droga que consumía, su raza, creencia religiosa, sexo, identidad sexual y posición económica. Con "...el deseo de dejar de consumir" como único requisito para ser miembro, ningún adicto estará por encima de otro. Todas las personas adictas son bienvenidas y tienen el mismo derecho a obtener el alivio que buscan; cualquier adicto puede recuperarse en este programa sobre una base de igualdad. Esta tradición garantiza nuestro derecho a recuperarnos.

Ser miembro de Narcóticos Anónimos no es un hecho automático que se produce cuando alguien cruza la puerta o el recién llegado decide dejar de consumir. La decisión de formar parte de nuestra confraternidad es un asunto individual. Cualquier adicto que tenga el deseo de dejar de consumir puede convertirse en miembro de N.A. Somos adictos y nuestro problema es la adicción.

La decisión de convertirse en miembro corresponde al individuo. Creemos que la situación ideal en nuestra confraternidad es que los adictos puedan ir libre y abiertamente a una reunión de N.A. donde y cuando quieran, y marcharse con la misma libertad. Descubrimos que la recuperación es una realidad y que la vida sin drogas es mejor de lo que jamás hubiéramos imaginado. Abrimos nuestras puertas a todos los adictos con la esperanza de que puedan encontrar lo mismo que nosotros; pero sabemos que sólo aquéllos que tengan el deseo de dejar de consumir y quieran lo que tenemos para ofrecerles, compartirán nuestro modo de vida.

CUARTA TRADICIÓN

"Cada grupo debe ser autónomo, excepto en asuntos que afecten a otros grupos o a N.A. en su totalidad."

La autonomía de nuestros grupos es necesaria para nuestra supervivencia. Un diccionario definiría el concepto de autonomía como: "tener el derecho o el poder para gobernarse a sí mismo; sin control externo." Esto significa que nuestros grupos se autogobiernan y no están sujetos a control externo. Cada grupo ha tenido que formarse y crecer por sus propios medios.

Uno se puede preguntar: ¿Somos realmente autónomos? ¿Acaso no tenemos comités de servicio, oficinas, líneas telefónicas y otras actividades en N.A.? Estos son servicios que utilizamos para ayudarnos en nuestra recuperación y para promover el propósito primordial de nuestros grupos. Narcóticos Anónimos es una confraternidad de hombres y mujeres adictos que se reunen en grupos y utilizan una serie de principios espirituales establecidos para librarse de la adicción y encontrar una nueva forma de vida. Los servicios mencionados son el resultado del trabajo de los miembros que se preocupan lo suficiente para tender la mano y ofrecer ayuda y experiencia para que nuestro camino resulte más fácil.

Un grupo de Narcóticos Anónimos es un conjunto de personas que se reúne regularmente en un sitio y a una hora determinados con el propósito de recuperarse, siempre que siga los Doce Pasos y las Doce Tradiciones de Narcóticos Anónimos. Hay dos tipos básicos de reuniones: abiertas al público en general y cerradas (sólo para adictos). El formato varía de grupo en grupo; algunas reuniones son de participación, otras tienen oradores, se hacen preguntas y respuestas o se discuten problemas específicos.

Cualquiera sea el tipo o formato de reunión que se utilice, la función del grupo siempre es la misma: proporcionar un ambiente adecuado y fiable para la recuperación personal y fomentar dicha recuperación. Estas tradiciones son parte de la serie de principios espirituales de Narcóticos Anónimos, sin ellas, N.A. no existiría.

La autonomía ofrece a nuestros grupos la libertad de actuar por su cuenta para establecer un ambiente de recuperación, servir a sus miembros y cumplir con su propósito primordial. Estas son las razones que nos hacen proteger nuestra autonomía con tanto cuidado.

Parecería que en nuestros grupos podemos hacer lo que decidamos, al margen de lo que digan los demás. En parte es cierto. Cada grupo tiene completa libertad, excepto cuando su proceder afecta a otros grupos o a N.A. en su conjunto. La autonomía, como la conciencia de grupo, puede ser un arma de doble filo. La idea de autonomía del grupo ya ha sido usada para justificar la violación de las tradiciones. Si existen contradicciones es que nos hemos apartado de nuestros principios. Si aseguramos que nuestras acciones estén claramente dentro de los límites de nuestras tradiciones, si nos abstenemos de mandar u obligar a otros grupos a hacer algo, si consideramos las consecuencias de nuestros actos anticipadamente, entonces todo irá bien.

QUINTA TRADICIÓN

"Cada grupo tiene un solo propósito primordial: llevar el mensaje al adicto que todavía sufre."

"¿Significa esto que nuestro propósito primordial es llevar el mensaje? Yo creía que estábamos aquí para mantenernos limpios. Pensaba que nuestro propósito primordial era recuperarnos de la adicción a las drogas." Para el individuo esto sin duda es verdad; nuestros miembros están aquí para librarse de la adicción y encontrar una nueva forma de vida. Sin embargo, los grupos no son adictos y no se recuperan. Lo único que nuestros grupos pueden hacer es plantar la semilla de la recuperación y reunir a los adictos para que la magia de la identificación, la honestidad, la solidaridad, el compartir y el servicio hagan su trabajo. El propósito de esta tradición es asegurar que este ambiente de recuperación se mantenga y sólo se consigue centrando a los grupos en ello. El hecho de que todos y cada uno de los grupos se concentren en llevar el mensaje proporciona solidez; los adictos pueden contar con nosotros. La unidad de acción y propósitos hace posible lo que parecía imposible para nosotros: la recuperación.

El Duodécimo Paso de nuestro programa personal también nos dice que llevemos el mensaje al adicto que todavía sufre. Trabajar con otros es una herramienta poderosa. "El valor terapéutico de un adicto que ayuda a otro no tiene igual." Así es como los recién llegados han encontrado Narcóticos Anónimos y han aprendido a mantenerse limpios. En el caso del resto de los miembros, esta es una forma de reafirmar su compromiso con la recuperación. El grupo es el vehículo más poderoso que tenemos para llevar el mensaje. Cuando uno de los miembros pasa el mensaje, éste de alguna manera está ligado a su personalidad y a su interpretación. El problema con la literatura es el lenguaje; a veces se pierde la emoción, la intensidad y la fuerza. En nuestros grupos, formados por diferentes personalidades, el mensaje de recuperación es un tema constante.

¿Qué pasaría si nuestros grupos tuvieran otro propósito primordial? Creemos que nuestro mensaje se diluiría y finalmente se perdería. Si nos ocupáramos de hacer dinero, quizás muchos se harían ricos. Si fuéramos un club social, podríamos encontrar muchos amigos y amores. Si nos especializáramos en educación, terminaríamos llenos de adictos instruidos. Si nos dedicáramos a la asistencia médica, muchos estaríamos sanos. Si el propósito de nuestro grupo fuera otro que llevar el mensaje, muchos morirían y pocos se recuperarían.

¿Cuál es nuestro mensaje? El mensaje es que un adicto —cualquier adicto— puede dejar de consumir drogas, perder el deseo de consumirlas y descubrir una nueva forma de vida. Nuestro mensaje es esperanza y una promesa de libertad. Cuando ya se ha dicho y hecho todo, nuestro propósito primordial sólo puede ser llevar el mensaje al adicto que todavía sufre, porque es lo único que tenemos para ofrecer.

SEXTA TRADICIÓN

"Un grupo de N.A. nunca debe respaldar, financiar ni prestar el nombre de N.A. a ninguna entidad allegada o empresa ajena, para evitar que problemas de dinero, propiedad o prestigio nos desvíen de nuestro propósito primordial."

La Sexta Tradición nos dice algunas de las cosas que debemos hacer para conservar y proteger nuestro propósito primordial. Es la base de nuestra política de no afiliación y es extremadamente importante para la continuidad y el crecimiento de Narcóticos Anónimos.

Veamos lo que dice esta tradición. Lo primero es que un grupo nunca debe respaldar a ninguna entidad. Respaldar es autorizar, aprobar o recomendar. Los respaldos pueden ser directos o implícitos. Cada día vemos respaldos directos en los anuncios de televisión. Un respaldo implícito es aquel que no se menciona específicamente.

A muchas organizaciones les gustaría servirse del nombre de N.A. Permitirlo sería un respaldo implícito y una violación de esta tradición. Los hospitales, los centros de tratamiento y los organismos penitenciarios son algunas de las entidades con las que nos relacionamos para llevar el mensaje. Aunque estas organizaciones sean sinceras y hagamos reuniones de N.A. en sus instalaciones, no podemos respaldar, financiar, ni permitirles usar nuestro nombre para promover su crecimiento. Sin embargo, estamos dispuestos a llevar los principios de N.A. a estas instituciones para que los adictos que todavía sufren puedan escoger.

Lo segundo que no debemos hacer es financiar a ninguna otra entidad. Esto resulta más claro. Financiar significa proporcionar fondos o dar ayuda financiera.

La tercera advertencia de esta tradición consiste en no prestar el nombre de N.A. a otros programas para servir sus objetivos. En varias ocasiones, por ejemplo, otros programas intentaron usar el nombre de Narcóticos Anónimos como parte de los servicios ofrecidos para justificar sus subvenciones.

Esta tradición además nos dice que una entidad allegada es aquélla en la que están involucrados miembros de N.A.; puede ser una casa de transición o reinserción, un centro de desintoxicación, un centro de tratamiento, o un *clubhouse**. La gente confunde con facilidad lo que es N.A. con lo que son las entidades allegadas. Los centros de tratamiento fundados por miembros de N.A., o que emplean a sus miembros, tienen que ocuparse de que esta diferenciación quede clara. Quizás la confusión es mayor cuando se trata de un *clubhouse*. Los recién llegados y los miembros veteranos a menudo lo identifican con Narcóticos Anónimos. Debemos hacer un esfuerzo especial para que estas personas sepan que estas entidades y N.A. no son lo mismo. Una empresa ajena puede ser una agencia, un negocio comercial, una religión, una sociedad, una organización, una actividad afín u otro programa de Doce Pasos. La mayor parte de estas empresas son fáciles de identificar; no ocurre lo mismo con otras asociaciones de

---

*En algunos países existen organizaciones privadas que alquilan sus instalaciones exclusivamente a grupos de N.A.

Doce Pasos. Narcóticos Anónimos es una confraternidad separada y distinta de pleno derecho. Nuestro problema es la adicción. Las otras asociaciones de Doce Pasos se especializan en otros problemas; nuestra relación con ellas es de cooperación, no de afiliación. El uso de literatura, oradores y anuncios de otras asociaciones en nuestras reuniones constituye e implica un respaldo implícito a una empresa ajena.

La Sexta Tradición nos hace una última advertencia para "evitar que problemas de dinero, propiedad y prestigio nos desvíen de nuestro propósito primordial." Estos problemas a menudo se convierten en obsesiones y nos apartan de nuestro objetivo espiritual. Este tipo de abuso puede ser devastador para el individuo; para el grupo, desastroso. Cuando nos desviamos como grupo de nuestro propósito primordial, mueren adictos que se podrían haber recuperado.

SÉPTIMA TRADICIÓN

"Todo grupo de N.A. debe mantenerse a sí mismo
completamente, negándose a recibir contribuciones externas."

Mantenerse a sí mismo es parte importante de nuestra nueva forma de vida y para el individuo por lo general representa un gran cambio. Durante nuestra adicción activa dependíamos de la gente, los lugares y las cosas. Contábamos con ellos para que nos mantuvieran y nos proporcionaran lo que nos faltaba. Ahora, en recuperación, descubrimos que todavía somos dependientes, pero ya no dependemos de lo que nos rodea sino de un Dios bondadoso y de la fuerza interior que tenemos gracias a nuestra relación con Él. Nosotros, que éramos incapaces de funcionar como seres humanos, descubrimos ahora que todo es posible. Los sueños a los que habíamos renunciado hace tiempo, ahora pueden convertirse en realidad. Los adictos siempre hemos sido una carga para la sociedad. En N.A., nuestros grupos no sólo se mantienen por su cuenta, sino que exigen el derecho de hacerlo.

El dinero siempre ha sido un problema para nosotros. Nunca teníamos suficiente para mantenernos y pagarnos nuestro hábito. Teníamos que trabajar, robar, engañar, pedir y vendernos; nunca teníamos bastante dinero para llenar nuestro vacío interior. En recuperación, el dinero a menudo sigue siendo un problema.

Necesitamos dinero para que funcione nuestro grupo; hay que pagar el alquiler, comprar literatura y otras cosas necesarias. En nuestras reuniones recogemos dinero para cubrir estos gastos; lo que sobra, sirve para mantener nuestros servicios y promover nuestro propósito primordial. Desgraciadamente, una vez que el grupo ha pagado sus gastos queda muy poco. A veces, los miembros que se lo pueden permitir aportan un poco más. Otras, se forma un comité para organizar alguna actividad para recaudar fondos. Estos esfuerzos ayudan; sin ellos no hubiéramos llegado tan lejos. Los servicios de N.A. siempre tienen necesidad de dinero, y aunque en ocasiones resulte frustrante, preferimos que sea así porque sabemos que de otra manera el precio sería demasiado alto. Todos debemos colaborar; de este modo aprendemos que realmente formamos parte de algo superior a nosotros.

Nuestra política con respecto al dinero está establecida claramente: rechazamos cualquier contribución externa; nuestra confraternidad se mantiene completamente a sí misma. No aceptamos fondos, subvenciones, préstamos ni regalos. A pesar de las intenciones, todo tiene su precio. Tanto si el precio es en dinero, como en promesas, concesiones, agradecimientos especiales, respaldos o favores, sería demasiado alto para nosotros. Aunque nos ofrecieran ayuda sin ningún compromiso, seguiríamos sin aceptarla. Tampoco podemos darnos el lujo de que nuestros miembros contribuyan con más de lo que les corresponde. Hemos visto que la desunión y la polémica es el precio pagado por nuestros grupos. No pondremos en peligro nuestra libertad.

OCTAVA TRADICIÓN

"Narcóticos Anónimos nunca tendrá carácter profesional, pero nuestros centros de servicio pueden emplear trabajadores especializados."

La Octava Tradición es vital para la estabilidad de N.A. en su conjunto. Para entender esta tradición tenemos que definir "centros de servicio no profesionales" y "trabajadores especializados". Cuando se comprenden estos conceptos, la importancia de esta tradición se explica por sí sola.

En ella decimos que no tenemos profesionales, es decir, que no contamos con una plantilla de psiquiátras, médicos, abogados ni terapeutas. Nuestro programa funciona sobre la base de un adicto que ayuda a otro. Si los grupos de N.A. emplearan profesionales, destruiríamos nuestra unidad. Simplemente somos adictos de igual nivel que de forma gratuita nos ayudamos mutuamente.

Respetamos y admiramos a los profesionales. Muchos de nuestros miembros son profesionales por derecho propio, pero en N.A. el profesionalismo no tiene cabida.

Un centro de servicio se define como el lugar donde funcionan los comités de servico de N.A. La Oficina de Servicio Mundial (World Service Office), las oficinas locales regionales o de área son ejemplos de ello. Por el contrario, un *clubhouse**, una casa de transición o reinserción, o entidades semejantes, no son centros de servicio de N.A. ni están afiliados a N.A. Un centro de servicio sencillamente es un lugar donde se ofrecen servicios de N.A. de manera continua.

Según esta tradición, "nuestros centros de servicio pueden emplear trabajadores especializados." Esta frase significa que pueden emplear personal para tareas especiales como contestar el teléfono, trabajos de oficina o imprenta. Estos empleados son directamente responsables ante el comité de servicio. A medida que N.A. crece, aumenta la demanda de este tipo de personal. Los trabajadores especializados son necesarios para garantizar la eficacia de una confraternidad en continua expansión.

---

*Ver nota pág. 80

Es preciso definir con claridad la diferencia entre profesionales y trabajadores especializados. Los profesionales trabajan en profesiones específicas que no tienen nada que ver con el servicio de N.A., sino con su beneficio personal. Los profesionales no siguen las Tradiciones de N.A. Nuestros trabajadores especializados, en cambio, se ajustan a nuestras tradiciones y son siempre directamente responsables ante aquellos a quienes sirven, es decir, ante la confraternidad.

En nuestra Octava Tradición no identificamos a nuestros miembros como profesionales. Al no considerar profesional a ninguno de nuestros miembros, aseguramos que N.A. "nunca tendrá carácter profesional."

NOVENA TRADICIÓN

"N.A., como tal, nunca debe ser organizada, pero podemos crear juntas o comités de servicio que sean directamente responsables ante aquéllos a quienes sirven."

Esta tradición define la forma de funcionamiento de nuestra confraternidad. Primero debemos comprender qué es N.A. Narcóticos Anónimos es un conjunto de adictos que tienen el deseo de dejar de consumir y se reúnen para hacerlo. Nuestras reuniones son encuentros de miembros con el propósito de mantenerse limpios y llevar el mensaje de recuperación. Nuestros pasos y tradiciones se enuncian en un orden específico, están numerados y estructurados, no están dispuestos al azar. Están organizados; pero no es a este tipo de organización a la que se refiere la Novena Tradición. En ella, "organización" significa tener gobierno y control. Sobre esta base, el significado de la Novena Tradición resulta claro. Sin ella, nuestra confraternidad estaría en contradicción con los principios espirituales. Un Dios bondadoso, tal como pueda manifestarse en nuestra conciencia de grupo, es nuestra autoridad fundamental.

La Novena Tradición también define el tipo de actividades que podemos hacer para ayudar a N.A. Dice que podemos crear juntas o comités de servicio para responder a las necesidades de la confraternidad. Estos cuerpos existen únicamente para servir a la misma. Esta es la razón de ser de nuestra estructura de servicios tal como ha sido desarrollada y definida en el manual de servicio de N.A.

DÉCIMA TRADICIÓN

"N.A. no tiene opinión sobre cuestiones ajenas a sus actividades; por lo tanto su nombre nunca debe mezclarse en polémicas públicas."

Para lograr nuestro objetivo espiritual, Narcóticos Anónimos debe ser conocida y respetada. Nuestra historia lo ilustra claramente. N.A. fue fundada en 1953; durante veinte años fue una confraternidad pequeña y desconocida. En los años setenta, la sociedad se dio cuenta de que la adicción se había convertido en una epidemia mundial y empezó a buscar soluciones. Al mismo tiempo comenzó a cambiar la concepción que la gente tenía del adicto. Este cambio permitió que los adictos buscaran ayuda más abiertamente. Surgieron grupos de N.A. en muchos lugares donde antes no habíamos sido tolerados. Los adictos en recuperación prepararon el camino para más grupos y más recuperación. Hoy en día N.A. es una confraternidad mundial. Nos conocen y nos respetan en todas partes.

Si un adicto nunca ha oído hablar de nosotros, no puede buscarnos. Si los que trabajan con adictos ignoran nuestra existencia, no pueden enviarnos a nadie. Una de las cosas más importantes que podemos hacer para promover nuestro propósito primordial es intentar que la gente sepa quiénes somos, qué hacemos y dónde estamos. Si lo hacemos procurando mantener nuestro buen nombre, sin duda creceremos.

Nuestra recuperación habla por sí sola. Nuestra Décima Tradición ayuda específicamente a proteger nuestra reputación. En ella se señala que N.A. no tiene opinión sobre cuestiones ajenas a sus actividades. No tomamos partido ni hacemos recomendaciones. N.A., como confraternidad, no participa en política; de hacerlo, fomentaríamos la polémica y nos pondríamos en peligro. Los que compartieran nuestra opinión nos alabarían por haber tomado partido, pero sin duda otros estarían en desacuerdo. Si el precio es tan alto, ¿es de extrañar que prefiramos no tomar partido en los problemas de la sociedad? Por nuestra propia supervivencia, no tenemos opinión sobre cuestiones ajenas.

UNDÉCIMA TRADICIÓN

"Nuestra política de relaciones públicas se basa más bien en la atracción que en la promoción; necesitamos mantener nuestro anonimato personal ante la prensa, la radio y el cine."

Esta tradición se ocupa de las relaciones de nuestra confraternidad con el mundo exterior. Nos indica cómo dirigir nuestros esfuerzos a nivel público.* Nuestra imagen pública consiste en aquello que tenemos para ofrecer: una forma de vivir sin drogas de eficacia comprobada. Aunque es importante que lleguemos a todas las personas que nos sea posible, resulta imperativo para nuestra protección que seamos cuidadosos con los anuncios, circulares y cualquier publicación que pueda llegar al público.

La atracción se apoya en nuestro propio éxito. Lo que tenemos para ofrecer como grupo, es la recuperación. Hemos comprobado que el éxito de nuestro programa habla por sí solo; en ello consiste nuestra promoción.

Esta tradición nos dice también que necesitamos mantener nuestro anonimato personal ante la prensa, la radio y el cine. Esta medida sirve para proteger a los miembros y la reputación

---

*Para ejemplos concretos, ver la *Guía de información pública; versión revisada.*

de Narcóticos Anónimos. No damos nuestro apellido ni aparecemos como miembros de Narcóticos Anónimos ante los medios de comunicación. Ningún individuo, forme o no parte de nuestra confraternidad, representa a Narcóticos Anónimos.

DUODÉCIMA TRADICIÓN

"El anonimato es la base espiritual de todas nuestras tradiciones, recordándonos siempre anteponer los principios a las personalidades."

El diccionario definiría anonimato como "situación en la que no hay nombre". De acuerdo con esta tradición, en Narcóticos Anónimos el "yo" se convierte en "nosotros". La base espiritual se convierte en algo más importante que cualquier grupo o individuo.

A medida que estrechamos los lazos que nos unen, se despierta la humildad. La humildad es un subproducto que nos permite crecer y desarrollarnos en un ambiente de libertad; elimina el miedo a que nuestros patrones, familiares y amigos nos reconozcan como adictos. Por consiguiente, procuramos seguir rigurosamente el principio de "lo que se dice en las reuniones, se queda en las reuniones".

A lo largo de nuestras tradiciones hablamos en términos de "nosotros" y "nuestro" en lugar de "yo" y "mi". Trabajando juntos por nuestro bienestar común, alcanzamos el verdadero espíritu del anonimato.

Hemos escuchado tantas veces la frase "los principios antes que las personalidades" que parece un cliché. Aunque como individuos podamos disentir entre nosotros, el principio espiritual del anonimato nos hace a todos iguales como miembros del grupo. Ningún miembro es más ni menos importante que otro. Lo que nos empujaba a obtener beneficio personal en el terreno del sexo, propiedad y posición social —y que tanto dolor nos causó en el pasado— queda de lado cuando nos adherimos al principio del anonimato. El anonimato es uno de los elementos básicos de nuestra recuperación y está presente en nuestras tradiciones y en nuestra confraternidad. Nos protege de nuestros propios defectos de carácter y quita poder a las personalidades y sus diferencias. El anonimato en acción imposibilita que se antepongan las personalidades a los principios.

CAPÍTULO SIETE

LA RECUPERACIÓN Y LA RECAÍDA

Muchas personas creen que la recuperación consiste simplemente en no consumir drogas. Consideran la recaída un signo de fracaso total y los largos períodos de abstinencia un éxito completo. En el programa de recuperación de Narcóticos Anónimos hemos descubierto que esta noción es demasiado simplista. Cuando un miembro lleva algún tiempo en nuestra confraternidad, una recaída puede ser la experiencia desagradable que origine un rigor mayor en la aplicación del programa. De igual manera, hemos visto que algunos miembros, aun manteniéndose abstinentes durante largos períodos, se ven privados de una recuperación completa y de la aceptación dentro de la sociedad debido a su falta de honradez y a una actitud engañosa con ellos mismos. Sin embargo, la abstinencia completa y continuada en estrecha colaboración e identificación con otros miembros de los grupos de N.A., sigue siendo el mejor terreno para crecer.

Aunque todos los adictos somos básicamente similares, como individuos diferimos en el grado de enfermedad y en el ritmo de recuperación. A veces, una recaída puede sentar las bases de una completa libertad. En otras ocasiones, esa libertad puede lograrse sólo por una inflexible y obstinada voluntad de aferrarnos a la abstinencia, contra viento y marea, hasta que pase la crisis. Un adicto que, por cualquier medio y aunque sea sólo por un tiempo, pueda perder la necesidad o el deseo de consumir, y tenga la libertad de elección para

*superar un pensamiento impulsivo y una acción
compulsiva, habrá llegado a un momento crucial que
puede ser un factor decisivo en su recuperación. El
sentimiento de auténtica independencia y libertad, a
veces está aquí en la cuerda floja. La posibilidad de
largarnos y volver a controlar nuestra vida nos atrae,
aunque nos damos cuenta de que todo lo que tenemos
se lo debemos a un Poder superior a nosotros mismo,
del cual dependemos, y al hecho de ofrecer y recibir
ayuda identificándonos con los demás. Durante nuestra
recuperación, muchas veces nos rondarán viejos
fantasmas. La vida puede volverse otra vez monótona,
aburrida y sin sentido. Es posible que nos cansemos
mentalmente de repetir nuestras nuevas ideas y
físicamente de nuestras nuevas actividades, aunque
sabemos que si dejamos de repetirlas, empezaremos otra
vez con nuestros viejos hábitos. Intuimos que si no
utilizamos lo que tenemos, lo perderemos. A menudo,
estas épocas son los períodos de mayor crecimiento.
Nuestra mente y nuestro cuerpo parecen estar cansados
de todo esto, pero es posible que las fuerzas dinámicas
de un cambio, o de una auténtica transformación, estén
trabajando en lo profundo de nuestro ser para darnos
las respuestas que modifiquen nuestras motivaciones
internas y cambien nuestra vida.*

*Nuestro objetivo, a través de los Doce Pasos, es la
recuperación, no la mera abstinencia física. Mejorar
conlleva esfuezo, y, ya que no hay forma de inculcar
una idea nueva en una mente cerrada, debemos hacer
que se abra de algún modo. Puesto que sólo podemos
hacerlo por nosotros mismos, es necesario que
reconozcamos a dos enemigos internos: la apatía y la
postergación. Nuestra resistencia al cambio parece
inamovible y sólo una explosión nuclear de algún tipo
originará alguna modificación o iniciará otra línea de
conducta. Una recaída, si sobrevivimos, puede brindar*

el cambio para empezar el proceso de demolición. La recaída de una persona cercana, y a veces su muerte a causa de ella, puede despertar en nosotros la necesidad de una vigorosa acción personal.

Hemos visto adictos llegar a nuestra confraternidad, probar nuestro programa y mantenerse limpios por un tiempo. Luego perdieron el contacto con otros adictos en recuperación y con el tiempo volvieron a la adicción activa. Se olvidaron de que en realidad es la primera droga la que desencadena otra vez el círculo mortal. Trataron de controlarlas, de consumirlas con moderación, de consumir únicamente ciertas drogas. A los adictos no nos funciona ninguno de estos métodos.

La recaída es una realidad. Puede suceder y sucede. La experiencia nos demuestra que aquellos que no trabajan diariamente nuestro programa de recuperación pueden recaer. Los vemos regresar en busca de recuperación. Quizás hayan estado limpios durante años antes de recaer. Si tienen la suerte de volver, están seriamente perturbados. Nos cuentan que la recaída fue más horrible que el consumo anterior. Nunca hemos visto recaer a una persona que viva el Programa de Narcóticos Anónimos.

A menudo las recaídas son mortales. Hemos asistido a funerales de seres queridos muertos por una recaída. Murieron de diferentes maneras. A veces vemos a personas que después de recaer y estar perdidas durante años, viven en la desdicha. Los que van a parar a la cárcel o a algún hospital puede que sobrevivan y quizás recomiencen en N.A.

En nuestra vida cotidiana estamos expuestos a recaídas emocionales y espirituales que nos dejan indefensos contra la recaída física del consumo de drogas. Puesto que la adicción es una enfermedad incurable, los adictos están sujetos a recaídas.

Nada nos obliga a recaer. Podemos elegir. La recaída nunca es un accidente, indica que aún tenemos reservas con nuestro programa. Empezamos a menospreciarlo y a buscar pretextos para eludirlo en nuestra vida cotidiana. Inconscientes de las trampas que hay delante, tropezamos ciegamente creyendo que podemos hacerlo por nuestra cuenta. Tarde o temprano volvemos a caer en la ilusión de que las drogas nos hacen la vida más fácil. Creemos que pueden cambiarnos y olvidamos que estos cambios son mortales. Cuando pensamos que las drogas resolverán nuestros problemas y olvidamos lo que pueden hacernos, estamos de verdad en un apuro. Como no acabemos con la ilusión de que podemos consumir y dejar de consumir por nuestra cuenta, firmamos nuestra sentencia de muerte segura. Por alguna razón, el hecho de no ocuparnos de nuestros asuntos personales, disminuye nuestra autoestima y establece un patrón de conducta que se repite en todas las áreas de nuestra vida. Si empezamos a evitar nuestras nuevas responsabilidades —faltando a reuniones, descuidando la práctica del Duodécimo Paso o manteniéndonos al margen— nuestro programa se detiene. Son este tipo de cosas las que llevan a una recaída. Quizás sintamos un cambio en nosotros y nuestra capacidad de seguir receptivos desaparezca. Puede que nos enojemos y estemos resentidos con cualquier persona o cualquier cosa, que comencemos a rechazar a quienes están cerca de nosotros. Nos aislamos y nos hartamos muy rápido de nosotros. Retrocedemos a nuestros patrones de conducta más enfermos sin tener siquiera que consumir drogas.

Cuando tenemos un resentimiento o algún otro trastorno emocional y no practicamos los pasos, podemos recaer.

El comportamiento obsesivo es un denominador común en las personas adictas. A veces intentamos llenarnos hasta estar satisfechos, tan sólo para descubrir que no hay manera de satisfacernos. Parte de nuestro comportamiento adictivo consiste precisamente en que nunca tenemos suficiente. A veces lo olvidamos y pensamos que si pudiéramos tener bastante comida, sexo o dinero, estaríamos satisfechos y todo iría a las mil maravillas. La terquedad continúa haciéndonos tomar decisiones basadas en la manipulación, el *ego*, la lujuria o el falso orgullo. No nos gusta equivocarnos. Nuestro *ego* nos dice que podemos hacerlo por nuestra cuenta, pero en seguida reaparece la soledad y la paranoia. Descubrimos que realmente no podemos hacerlo solos; cuando lo intentamos, las cosas empeoran. Necesitamos que nos recuerden de donde venimos y que si consumimos nuestra enfermedad empeorará progresivamente. Es entonces cuando necesitamos a la confraternidad.

No nos recuperamos de la noche a la mañana. Cuando nos damos cuenta de que hemos tomado una mala decisión o hecho un juicio equivocado, tenemos tendencia a justificarnos. A menudo llevamos nuestro comportamiento autoobsesivo hasta el extremo de intentar ocultar nuestras huellas. Olvidamos que hoy en día podemos elegir y nos enfermamos más.

Hay algo en nuestra personalidad autodestructiva que nos pide a gritos el fracaso. La mayoría sentimos que no nos merecemos el éxito. Es algo muy común entre los adictos. La autocompasión es uno de nuestros defectos más autodestructivos; nos consume toda la energía positiva. Nos fijamos en lo que no nos sale como queremos e ignoramos toda la belleza que hay en nuestra vida. Sin un deseo real de mejorar nuestra vida, o incluso de vivir, lo único que hacemos es seguir cuesta abajo. Algunos nunca conseguimos remontar otra vez la pendiente.

Para sobrevivir tenemos que reaprender muchas cosas que hemos olvidado y desarrollar un nuevo planteamiento de vida. De esto se trata Narcóticos Anónimos; de personas que se preocupan por los adictos destrozados y desesperados a los que, con el tiempo, se les puede enseñar cómo vivir sin drogas. Muchos tuvimos dificultades al llegar a la confraternidad porque no comprendíamos que teníamos una enfermedad llamada adicción. A veces vemos nuestro comportamiento del pasado como parte de nosotros y no como parte de nuestra enfermedad.

Hacemos el Primer Paso. Admitimos que somos impotentes ante nuestra adicción, que nuestra vida se ha vuelto ingobernable. Poco a poco, mejoran las cosas y empezamos a recobrar la confianza. Nuestro *ego* nos dice que lo podemos hacer solos. Las cosas nos están saliendo bien y pensamos que en realidad no necesitamos este programa. La soberbia es una señal de luz roja. Volverán la soledad y la paranoia. Nos damos cuenta de que no lo podemos hacer por nuestra cuenta y las cosas empeoran. Esta vez hacemos de verdad el Primer Paso internamente. Habrá momentos, sin embargo, en los que tendremos realmente ganas de consumir. Queremos escapar, nos sentimos terriblemente mal. Hace falta que nos recuerden de dónde venimos y que esta vez será peor. Es en este momento cuando más necesitamos el programa. Nos damos cuenta de que debemos hacer algo.

Cuando olvidamos el esfuerzo y el trabajo que nos costó conseguir un período de libertad en nuestra vida, se instala la falta de gratitud y la autodestrucción empieza otra vez. Como no tomemos medidas inmediatamente, corremos el riesgo de que una recaída amenace nuestra existencia. Mantener la ilusión de la realidad en lugar de usar las herramientas del programa, nos llevará al aislamiento. La soledad nos destruirá internamente y las drogas, que casi siempre vienen a continuación, completarán el trabajo. Los síntomas y los sentimientos que tuvimos al final de nuestra adicción activa volverán y esta vez más fuertes que antes. Si no nos rendimos al Programa de N.A., con toda seguridad este golpe nos destruirá.

La recaída puede ser la fuerza destructiva que nos mate o nos haga tomar conciencia de quiénes y qué somos en realidad. La evasión momentánea que puede proporcionarnos el consumir, no compensa el sufrimiento que produce a la larga. Consumir para nosotros es morir, y a veces de más de una manera.

Las expectativas irreales que ponemos sobre nosotros o los demás parecen ser uno de los mayores obstáculos de la recuperación. Las relaciones afectivas pueden ser un terreno terriblemente doloroso. Tenemos tendencia a fantasear y proyectar lo que va a pasar. Nos enojamos y llenamos de resentimientos si nuestras fantasías no se cumplen. Olvidamos que somos impotentes ante otras personas. Las viejas ideas y sentimientos de soledad, desesperación, desamparo y autocompasión reaparecen furtivamente. Dejamos de pensar en los padrinos o madrinas, en las reuniones, en la literatura y en cualquier otra cosa positiva. Debemos mantener nuestra recuperación en primer lugar y poner nuestras prioridades en orden.

Escribir sobre lo que queremos, lo que pedimos y lo que conseguimos, y compartirlo con nuestro padrino u otra persona de confianza, nos ayuda a superar nuestros sentimientos negativos. Dejar que otros compartan su experiencia con nosotros, nos da la esperanza de que efectivamente las cosas mejoran. Parece que la impotencia es un obstáculo enorme. Cuando surge la necesidad de admitir nuestra impotencia, puede que primero busquemos las maneras de oponernos. Cuando agotamos estos intentos, empezamos a compartir con los demás y hallamos esperanza. Asistir a las reuniones diariamente, vivir día a día y leer literatura parece dirigir nuestra actitud mental de nuevo hacia lo positivo. La buena voluntad de probar lo que ha funcionado para otros es vital. Las reuniones son nuestra fuente de fortaleza y esperanza, incluso cuando no tenemos ganas de ir.

Es importante compartir nuestros deseos de consumir drogas. Es sorprendente constatar con que frecuencia los recién llegados creen que es anormal que un adicto tenga ganas de consumir. Cuando sentimos que nos vuelven las viejas ganas, pensamos que algo debe funcionar mal en nosotros y que los compañeros de Narcóticos Anónimos no podrán entendernos.

Es importante recordar que el deseo de consumir pasará. Ya no tenemos por qué volver a consumir, no importa cómo nos sintamos, tarde o temprano todos los sentimientos pasarán.

El progreso de la recuperación es un viaje constante cuesta arriba. No nos resulta difícil empezar otra vez la carrera cuesta abajo. La progresión de la enfermedad es un proceso continuo, incluso durante la abstinencia.

Llegamos aquí impotentes, y la fuerza que buscamos nos llega a través de otras personas de Narcóticos Anónimos; pero debemos pedirla. Ahora, una vez limpios y en la confraternidad, tenemos que mantenernos rodeados de personas que nos conocen bien. Nos necesitamos mutuamente. Narcóticos Anónimos es una confraternidad de supervivencia, y una de sus ventajas es que nos pone regularmente en estrecho contacto con las personas que mejor pueden comprendernos y ayudarnos en nuestra recuperación. Las buenas ideas y las buenas intenciones no sirven de nada si no las ponemos en práctica. Pedir ayuda es el comienzo de la lucha que nos liberará. Es la única manera de romper las cadenas que nos mantienen prisioneros. La alienación es un síntoma de nuestra enfermedad y compartir honestamente nos dará la libertad de recuperarnos.

Estamos agradecidos por la calurosa bienvenida que nos dieron en las reuniones para hacernos sentir cómodos. Si no nos mantenemos limpios ni asistimos a las reuniones, seguro que tendríamos más dificultades con los pasos. El consumo de cualquier droga interrumpirá el proceso de recuperación.

Todos descubrimos que lo que sentimos al ayudar a los demás nos motiva a mejorar nuestra propia vida. Si sufrimos —y todos sufrimos de vez en cuando— aprendemos a pedir ayuda. Nos damos cuenta de que el dolor compartido es menos doloroso. Los miembros de la confraternidad siempre están dispuestos a ayudar a un compañero que recae y tienen comprensión y sugerencias útiles que ofrecer cuando alguien lo pide. La recuperación descubierta en Narcóticos Anónimos debe venir de dentro y nadie se mantiene limpio por los demás, sino por sí mismo.

En nuestra enfermedad tratamos con un poder destructivo y violento superior a nosotros que puede llevarnos a una recaída. Si hemos recaído es importante recordar que debemos regresar a las reuniones lo antes posible. De otro modo quizá sólo nos queden meses, días u horas para llegar a un punto del que no hay retorno. Nuestra enfermedad es tan astuta que puede meternos en situaciones imposibles. Cuando así suceda y si nos es posible, regresemos al programa mientras podamos. Una vez que consumimos, estamos bajo el control de nuestra enfermedad. Nunca nos recuperamos completamente, no importa cuanto tiempo llevemos limpios. La complacencia es el enemigo de los miembros con mucho tiempo de abstinencia. Cuando nos dormimos en los laureles demasiado tiempo, el proceso de recuperación se interrumpe. Los síntomas visibles de la enfermedad reaparecen. Vuelve la negación junto con la obsesión y la compulsión. La culpabilidad, el remordimiento, el miedo y el orgullo pueden llegar a ser insoportables. En seguida estamos entre la espada y la pared. La negación y el Primer Paso están en conflico dentro de nosotros. Si permitimos que la obsesión de consumir nos supere, estamos perdidos. Lo único que nos puede salvar es una aceptación total y completa del Primer Paso. Debemos rendirnos enteramente al programa.

Lo primero que tenemos que hacer es mantenernos limpios. Esto permite las otras etapas de la recuperación. Mientras nos mantengamos limpios, pase lo que pase, tendremos sobre nuestra enfermedad las mayores ventajas posibles. Estamos agradecidos por ello.

Muchos conseguimos estar limpios en un ambiente protegido, como un centro de tratamiento o de recuperación. Cuando reingresamos en el mundo, nos sentimos perdidos, confundidos y vulnerables. Asistir a reuniones lo más a menudo posible, reducirá el choque del cambio. Las reuniones brindan un lugar seguro donde compartir con otros. Comenzamos a vivir el programa; aprendemos a aplicar los principios espirituales en nuestra vida. Debemos usar lo que aprendemos o lo perderemos en una recaída.

Muchos de nosotros no tendríamos adonde ir si no hubiéramos confiado en los grupos de N.A. y sus miembros. Al principio, la confraternidad nos atraía e intimidaba al mismo tiempo. Ya no nos sentíamos bien con los amigos que consumían y en las reuniones todavía no estábamos cómodos. Empezamos a perder el miedo a través de la experiencia de compartir. Cuanto más compartíamos, más desaparecía nuestro miedo; por esta razón lo hacíamos. Crecer significa cambiar. El cuidado de nuestra espiritualidad significa recuperación continua. El aislamiento es peligroso para el crecimiento espiritual.

Aquellos que encontramos la confraternidad y comenzamos a vivir los pasos, establecemos relaciones con los demás. A medida que crecemos, aprendemos a dominar la tendencia a huir y escondernos de nosotros y nuestros sentimientos. Ser sinceros con nuestros sentimientos ayuda a los demás a identificarse con nosotros. Descubrimos que cuando nos comunicamos honestamente llegamos mejor a las otras personas. La honestidad requiere práctica, y ninguno de nosotros pretende ser perfecto. Cuando nos sentimos atrapados o presionados, hace falta mucha fuerza espiritual y emocional para ser honesto. Compartir con otros evita que nos sintamos aislados y solos. Este proceso es una acción creativa del espíritu.

Cuando trabajamos el programa, vivimos cotidianamente los pasos, cosa que nos proporciona experiencia para aplicar los principios espirituales. La experiencia que obtenemos con el tiempo, nos ayuda a continuar nuestra recuperación. No importa el tiempo que llevemos limpios, debemos practicar lo que aprendemos o lo perderemos. A la larga descubrimos que debemos ser honestos o volveremos a consumir. Rezamos para tener buena voluntad y humildad, y terminamos siendo honestos para reconocer nuestros juicios equivocados y nuestras malas decisiones. Hablamos con aquellos a quienes hemos hecho daño, les decimos que fue nuestra culpa y hacemos las reparaciones necesarias. Volvemos a ocuparnos de las soluciones. Estamos trabajando el programa; ahora nos resulta más fácil hacerlo. Sabemos que los pasos ayudan a prevenir una recaída.

Los que recaen también pueden caer en otra trampa. Quizás dudemos de que podamos dejar de consumir y mantenernos limpios. Solos, nunca podremos. "¡No puedo!", gritamos frustrados. Al volver al programa, nos castigamos imaginándonos que nuestros compañeros no respetarán el valor que hace falta para regresar. Hemos aprendido a tener un respeto muy grande por este tipo de valor y lo aplaudimos de todo corazón. Recaer no es una vergüenza; la vergüenza es no regresar. Debemos destruir la ilusión de que lo podemos hacer solos.

Cuando estar limpios no es la prioridad número uno, puede producirse otro tipo de recaída. Mantenernos limpios siempre debe ser lo más importante. En nuestra recuperación, todos pasamos a veces por dificultades. Las recaídas emocionales se producen cuando no practicamos lo que hemos aprendido. Los que logran superar estos momentos demuestran un valor que no parece propio. Después de atravesar uno de estos períodos, constatamos fácilmente que el momento más oscuro de la noche precede siempre al amanecer. Cuando conseguimos superar limpios un momento difícil, recibimos una herramienta de recuperación que podemos utilizar una y otra vez.

Si recaemos, es posible que nos sintamos culpables y avergonzados. Nuestra recaída nos da vergüenza, pero no podemos salvar el cuello y las apariencias al mismo tiempo. Descubrimos que lo mejor es regresar al programa lo antes posible. Más vale tragarnos el orgullo que morir o volvernos locos para siempre.

Mientras mantengamos una actitud agradecida por estar limpios, veremos que es más fácil seguir limpios. La mejor manera de expresar agradecimiento, es llevar nuestro mensaje de experiencia, fortaleza y esperanza al adicto que todavía sufre. Estamos dispuestos a ayudar a cualquier adicto que sufra.

Vivir el programa diariamente nos proporciona un sinfín de experiencias valiosas. Si estamos acosados por la obsesión de consumir, la experiencia nos ha enseñado a llamar a un compañero en recuperación e ir a una reunión.

Los adictos que están consumiendo son personas egocéntricas, irascibles, asustadas y solitarias. En recuperación, experimentamos un crecimiento espiritual. Cuando consumíamos éramos deshonestos, egoístas y muchas veces tenían que internarnos en alguna institución. El programa nos permite convertirnos en miembros responsables y productivos de la sociedad.

A medida que empezamos a funcionar en la sociedad, nuestra libertad creativa nos ayuda a ordenar nuestras prioridades y a hacer primero las cosas básicas. La práctica diaria de nuestro Programa de Doce Pasos nos permite salir de lo que éramos y transformarnos en personas guiadas por un Poder Superior. Con la ayuda de nuestro padrino o nuestro consejero espiritual, poco a poco aprendemos a confiar y a depender de nuestro Poder Superior.

CAPÍTULO OCHO
SÍ, NOS RECUPERAMOS

A pesar de nuestras diferencias, la adicción hace que todos naveguemos en el mismo barco. Es posible que nuestras experiencias personales varíen en cuanto a su esquema individual, pero al final, todos tenemos lo mismo en común: una enfermedad o trastorno llamado adicción. Conocemos muy bien las dos cosas que componen la verdadera adicción: obsesión y compulsión. Obsesión, esa idea fija que nos hace regresar una y otra vez a nuestra droga en particular, o a algo que la sustituya, para volver a experimentar el alivio y bienestar que una vez conocimos.

La compulsión consiste en que una vez empezado el proceso con la primera droga, cualquiera sea ésta, no podemos parar por nuestra propia fuerza de voluntad, debido a que por nuestra sensibilidad física estamos en las garras de un poder destructivo superior a nosotros.

Cuando al final del camino nos damos cuenta de que no podemos seguir funcionando como seres humanos, ni con drogas ni sin ellas, todos nos enfrentamos al mismo dilema: ¿Qué queda por hacer? Parece que hay dos alternativas: o continuamos lo mejor que podamos hasta el amargo final (cárceles, hospitales o la muerte) o encontramos una nueva manera de vivir. Años atrás, muy pocos adictos pudieron escoger esta segunda posibilidad. Hoy en día tenemos más suerte. Por primera vez en la historia, existe a disposición de todos nosotros un sencillo programa espiritual —no religioso— llamado Narcóticos Anónimos, que ha entrado en la vida de muchos adictos.

Cuando hace unos quince años mi adicción me llevó a un punto de completa impotencia, derrota e inutilidad, no existía N.A.* Encontré A.A. y allí conocí a otros adictos que habían descubierto que ese programa era una respuesta a su problema. Sin embargo, sabíamos que muchos otros todavía seguían cuesta abajo, rumbo a la desilusión, la degradación y la muerte, porque no podían identificarse con el alcóholico de A.A. La identificación se manifestaba a nivel de síntomas visibles, y no a un nivel más profundo de emociones o sentimientos, que es donde se convierte en una terapia curativa para todos los adictos. Con otros adictos y algunos miembros de A.A., que tuvieron gran fe en nosotros y en el programa, formamos en julio de 1953 lo que hoy conocemos como Narcóticos Anónimos. Creíamos que a partir de ahora el adicto se identificaría desde el principio, tanto como le hiciera falta, para convencerse de que podía mantenerse limpio mediante el ejemplo de otros cuya recuperación se había prolongado durante muchos años.

Ha quedado demostrado durante todos estos años que esto era fundamentalmente lo que necesitábamos. Este lenguaje mudo de reconocimiento, creencia y fe, que llamamos identificación, creó la atmósfera en la cual podíamos sentir el paso del tiempo, entrar en contacto con la realidad y reconocer valores espirituales que muchos habíamos perdido tiempo atrás. En nuestro programa de recuperación, crecemos en número y en fuerza. Nunca antes tantos adictos limpios, por propia decisión y asociados libremente, habían sido capaces de reunirse donde quisieran para conservar su recuperación en completa libertad creativa.

Hasta los mismos adictos dijeron que no sería posible hacerlo de la forma que lo habíamos planeado. Creíamos en reuniones con horarios abiertamente conocidos; no más reuniones a escondidas como habían

---

*Escrito en 1965.

intentado otros grupos. Este enfoque era diferente de todos los métodos que hasta entonces habían probado aquellos que defendían la necesidad de un largo retiro de la sociedad. Nos pareció que cuanto antes el adicto pudiera enfrentarse con su problema en la vida cotidiana, tanto más rápido pasaría a ser una persona realmente productiva. A la larga tenemos que valernos por nosotros mismos y afrontar la vida tal cual es, así que, ¿por qué no desde el principio?

Debido a esto, naturalmente, muchos recayeron y muchos se perdieron por completo. Sin embargo, muchos se quedaron y algunos volvieron después de su derrota. Lo más positivo es que muchos de los que ahora son miembros, llevan largos períodos de abstinencia completa y pueden ayudar mejor al recién llegado. Su actitud, basada en los valores espirituales de nuestros pasos y tradiciones, es la fuerza dinámica que brinda crecimiento y unidad a nuestro programa. Ahora sabemos que ha llegado el momento en que la vieja mentira: "Adicto una vez, adicto para siempre", ya no será tolerada ni por la sociedad, ni por el mismo adicto. Sí, nos recuperamos.

La recuperación comienza con la rendición. A partir de aquí, para cada uno de nosotros un día limpio es un día ganado. En Narcóticos Anónimos cambian nuestras actitudes, ideas y reacciones. Llegamos a darnos cuenta de que no somos distintos y empezamos a entender y a aceptar quienes somos.

La adicción ha existido desde que existe la humanidad. Adicción, para nosotros, es la obsesión de consumir las drogas que nos destruyen, seguida de una compulsión que nos obliga a continuar. La abstinencia completa es la base de nuestra nueva forma de vida.

En el pasado, no había esperanzas para los adictos. En Narcóticos Anónimos aprendemos a compartir la soledad, la ira y el miedo que todos los adictos tenemos en común y que no podemos controlar. Son nuestras viejas ideas las que nos metieron en problemas. No tendíamos a la realización personal, sino que nos concentrábamos en el vacío y la falta de sentido de todo. Como no sabíamos tratar con el éxito, el fracaso se convirtió en una forma de vida. En recuperación, los fracasos son sólo reveses transitorios y no eslabones de una cadena indestructible. La honestidad, la receptividad y la buena voluntad de cambiar son nuevas actitudes que nos ayudan a admitir nuestras faltas y pedir ayuda. Ya no estamos obligados a actuar en contra de nuestra auténtica naturaleza ni a hacer lo que de verdad no queremos.

La mayoría de los adictos se resisten a la recuperación y el programa que compartimos con ellos interfiere en su consumo. Si los recién llegados nos dicen que pueden seguir consumiendo drogas de cualquier tipo sin sufrir las consecuencias, podemos ver las cosas de dos maneras. La primera posibilidad es que no sean adictos; la otra es que la enfermedad todavía no sea evidente para ellos y la estén negando. La adicción y el síndrome de abstinencia distorsionan el pensamiento racional y los recién llegados se fijan más en las diferencias que en las similitudes. Buscan la manera de negar la evidencia de la adicción o de descalificarse para la recuperación.

Muchos hicimos lo mismo cuando éramos nuevos, así que cuando trabajamos con otros, intentamos no hacer ni decir nada que les dé la excusa para seguir consumiendo. Sabemos que la honestidad y la identificación son esenciales. La rendición total es la clave para la recuperación y la abstinencia completa es lo único que nos ha funcionado. Según nuestra experiencia, ningún adicto que se haya rendido completamente a este programa ha dejado de recuperarse.

Narcóticos Anónimos no es un programa religioso, sino espiritual. Cualquier adicto limpio es un milagro y mantener vivo este milagro es un proceso continuo de toma de conciencia, entrega y crecimiento. No consumir, para un adicto, es un estado anormal. Aprendemos a vivir limpios, a ser honestos con nosotros mismos y a pensar en los dos lados de las cosas.

Al principio, tomar decisiones es difícil. Antes de estar limpios, la mayoría de nuestras acciones estaban guiadas por impulsos. Hoy en día, ya no estamos limitados a este tipo de comportamiento; somos libres.

En nuestra recuperación descubrimos que es esencial aceptar la realidad. Una vez que podemos hacerlo, nos damos cuenta de que no es necesario consumir drogas para intentar cambiar nuestra percepción. Sin drogas, y si nos aceptamos a nosotros mismos y al mundo tal como es, tenemos la oportunidad de empezar a funcionar como seres humanos útiles. Aprendemos que los conflictos forman parte de la realidad y, en lugar de huir de ellos, aprendemos nuevas maneras de resolverlos. Son parte del mundo real. Frente a los problemas, aprendemos a no dejarnos llevar por las emociones. Nos ocupamos de los problemas que se presentan e intentamos no forzar soluciones. Hemos aprendido que si una solución no es práctica, no es espiritual. En el pasado convertíamos situaciones sencillas en problemas, hacíamos montañas de simples granos de arena. Nuestras mejores ideas nos llevaron hasta aquí. En recuperación, aprendemos a depender de un Poder superior a nosotros. No tenemos todas las respuestas ni las soluciones, pero podemos aprender a vivir sin drogas. Si nos acordamos de vivir "sólo por hoy", podemos mantenernos limpios y disfrutar de la vida.

No somos responsables de nuestra enfermedad, sino únicamente de nuestra recuperación. A medida que empezamos a aplicar lo que aprendemos, nuestra vida comienza a cambiar y mejorar. Pedimos ayuda a los adictos que están disfrutando de la vida libres de la obsesión de consumir drogas. No hace falta que entendamos este programa para que funcione; lo único que debemos hacer es seguir las sugerencias.

Los Doce Pasos son esenciales en el proceso de recuperación, nos proporcionan alivio porque son una nueva forma de vida espiritual que nos permite participar de nuestra propia recuperación.

Los Doce Pasos se convierten desde el primer día en parte de nuestra vida. Al principio, quizás seamos muy negativos y sólo nos permitimos agarrarnos al Primer Paso. Luego el miedo empieza a ser menor y podemos emplear estas herramientas de forma más completa en beneficio propio. Nos damos cuenta de que los viejos sentimientos y temores son síntomas de nuestra enfermedad. Ahora es posible la auténtica libertad.

A medida que nos recuperamos, adquirimos una nueva perspectiva sobre el hecho de estar limpios. Disfrutamos del alivio y de la liberación del deseo de consumir. Descubrimos que todas las personas que conocemos, a la larga tienen algo que ofrecernos. Nos convertimos en personas capaces tanto de dar como de recibir. La vida puede convertirse en una aventura nueva. Llegamos a conocer el bienestar, la alegría y la libertad.

No existe un modelo de adicto en recuperación. Cuando las drogas desaparecen y el adicto empieza a trabajar el programa, suceden cosas maravillosas. Se despiertan sueños dormidos y surgen nuevas posibilidades. Nuestra buena voluntad de crecer espiritualmente nos mantiene a flote. Cuando ponemos en práctica lo indicado en los pasos, el resultado es un cambio en nuestra personalidad. Lo importante son nuestras acciones; los resultados los dejamos en manos de nuestro Poder Superior.

La recuperación desarrolla un nuevo sentido del contacto; perdemos el miedo a tocar y ser tocados. Aprendemos que cuando nos sentimos solos, un simple abrazo cariñoso puede cambiarlo todo. Experimentamos el cariño auténtico y la amistad de verdad.

Sabemos que somos impotentes ante una enfermedad incurable, progresiva y mortal. Si no se detiene, empeora hasta la muerte. No podemos tratar con la obsesión y la compulsión. La única alternativa es dejar de consumir y aprender a vivir. Si estamos dispuestos a seguir esta línea de acción y aprovechamos la ayuda que tenemos a nuestra disposición, una nueva vida se abre ante nosotros. De esta forma, sí, nos recuperamos.

Hoy en día, seguros del amor de la confraternidad, por fin podemos mirar a otro ser humano a los ojos y estar agradecidos de lo que somos.

CAPÍTULO NUEVE

SÓLO POR HOY;
VIVIR EL PROGRAMA

Puedes decirte:

SÓLO POR HOY pensaré en mi recuperación viviendo y disfrutando la vida sin consumir drogas.

SÓLO POR HOY confiaré en alguien de N.A. que crea en mí y quiera ayudarme en mi recuperación.

SÓLO POR HOY tendré un programa y trataré de seguirlo lo mejor que pueda.

SÓLO POR HOY a través de N.A. intentaré tener una mejor perspectiva de mi vida.

SÓLO POR HOY no tendré miedo, pensaré en mis nuevas amistades, gente que no consume y que ha encontrado un nuevo modo de vivir. Mientras siga este camino no tengo nada que temer.

Admitimos que nuestra vida ha sido ingobernable, pero a veces tenemos problemas en reconocer que necesitamos ayuda. Nuestra terquedad nos causa muchas dificultades en nuestra recuperación. Queremos y exigimos que las cosas salgan siempre a nuestro modo. Deberíamos saber por nuestra experiencia pasada que nuestro modo de hacer las cosas no funcionaba. El principio de la rendición nos conduce a una forma de vida en la que sacamos nuestra fuerza de un Poder superior a nosotros. La rendición diaria a nuestro Poder

Superior, nos proporciona la ayuda que nos hace falta. Como adictos, tenemos problemas de aceptación, esencial para nuestra recuperación. Cuando rehusamos practicar la aceptación, todavía estamos negando la fe en un Poder Superior. La preocupación es falta de fe.

La rendición de nuestra voluntad nos pone en contacto con un Poder Superior que llena el vacío interior que nada podía llenar. Hemos aprendido a confiar diariamente en la ayuda de Dios. Vivir sólo por hoy nos alivia de la carga del pasado y del miedo al futuro. Hemos aprendido a hacer lo que tenemos que hacer y a dejar los resultados en manos de nuestro Poder Superior.

El Programa de Narcóticos Anónimos es espiritual. Sugerimos firmemente que los miembros intenten encontrar un Poder Superior tal como lo conciban. Algunos vivimos experiencias espirituales intensas, de naturaleza dramática e inspirada. Para otros el despertar es más sutil. Nos recuperamos en un ambiente de aceptación y respeto por las creencias de los demás. Tratamos de evitar el autoengaño de la arrogancia y la santurronería. A medida que crece la fe en nuestra vida cotidiana, descubrimos que nuestro Poder Superior nos proporciona la fortaleza y la orientación que necesitamos.

Cada uno es libre de desarrollar su propio concepto del Poder Superior. Muchos teníamos recelos y éramos escépticos debido a desilusiones sufridas con la religión. Al principio, oír hablar de Dios en las reuniones nos repelía. Hasta que buscamos nuestras propias respuestas en este terreno, estuvimos confinados a las ideas que nos habíamos formado en el pasado. Los ateos y los agnósticos empiezan muchas veces dirigiéndose a "lo que sea que esté ahí". En nuestras reuniones se puede sentir cierto espíritu o energía. A veces este es el primer concepto que los recién llegados tienen del Poder Superior. A menudo las ideas del pasado son incompletas e insatisfactorias. Todo lo que sabemos está sujeto a revisión, especialmente lo que sabemos de la verdad. Reevaluamos nuestras viejas ideas para poder familiarizarnos con las nuevas que conducen a una nueva forma de vida. Admitimos que somos seres humanos con una enfermedad física, mental y espiritual. Cuando admitimos que nuestra adicción era la causa de nuestro propio infierno y que hay un poder dispuesto a ayudarnos, empezamos a avanzar hacia la solución de nuestros problemas.

La falta de mantenimiento espiritual cotidiano puede manifestarse de diversas maneras. Mediante el esfuerzo por mantenernos receptivos, llegamos a confiar en una relación diaria con Dios tal como lo concebimos. La mayoría pedimos cada día a nuestro Poder Superior que nos ayude a mantenernos limpios, y cada noche le damos las gracias por habernos concedido la recuperación. A medida que nuestra vida se va haciendo más cómoda, muchos caemos en la complacencia espiritual y —arriesgándonos a una recaída— volvemos a la misma pesadilla y falta de motivaciones de las que se nos había dado apenas un respiro diario. Esperamos que sea aquí cuando nuestro dolor nos motive a renovar nuestro cuidado espiritual. Una de las maneras de continuar con nuestro contacto consciente con Dios, especialmente en momentos difíciles, es hacer una lista de las cosas por las que estamos agradecidos.

Muchos de nosotros descubrimos que reservarnos un momento tranquilo de soledad nos ayuda a estar en contacto consciente con nuestro Poder Superior. Al calmar nuestra mente, la meditación puede conducirnos a un estado de sosiego y serenidad. Podemos tranquilizar la mente en cualquier lugar, momento y de cualquier manera, según nuestras características individuales.

Podemos acceder a nuestro Poder Superior en cualquier momento. Cuando le pedimos que nos haga conocer su voluntad para con nosotros, recibimos su orientación. A medida que dejamos de ser egocéntricos y nos centramos en Dios, nuestra desesperación se transforma en esperanza. El cambio también trae consigo una gran fuente de temor: lo desconocido. Nuestro Poder Superior es la fuente de valor que necesitamos para enfrentar este miedo.

Hay cosas que debemos aceptar, otras, por el contrario,

podemos cambiarlas. La sabiduría para reconocer la diferencia llega con el crecimiento en nuestro programa espiritual. Si cuidamos de nuestra condición espiritual a diario, vemos que es más fácil tratar con el dolor y la confusión. Esta es la estabilidad emocional que tanta falta nos hacía. Con la ayuda de nuestro Poder Superior, no tenemos por qué volver a consumir.

Cualquier adicto limpio es un milagro. Mantenemos este milagro vivo con actitudes positivas en un proceso continuo de recuperación. Si tras algún tiempo tenemos dificultades con nuestra recuperación, es probable que hayamos dejado de hacer una o varias de las cosas que nos ayudaban al principio.

Los tres principios espirituales básicos son: la honestidad, la receptividad y la buena voluntad. Ellos son el CÓMO* de nuestro programa. El primer signo de honestidad lo expresamos con el deseo de dejar de consumir. Luego admitimos honestamente nuestra impotencia y la ingobernabilidad de nuestra vida.

La honestidad rigurosa es la herramienta más importante para aprender a vivir sólo por hoy. Practicar la honestidad es difícil, pero ofrece grandes recompensas. La honestidad es el antídoto de nuestro pensamiento enfermo. La fe, recién descubierta, nos sirve como base sólida de valor para el futuro.

Lo que sabíamos de la vida antes de llegar a N.A., casi nos mató. Manejar nuestra propia vida nos trajo al Programa de Narcóticos Anónimos. Llegamos a N.A. sabiendo muy poco sobre cómo ser felices y disfrutar de la vida. Es imposible meter una idea nueva en una mente cerrada. La receptividad nos permite escuchar en profundidad cosas que pueden salvarnos la vida. Nos permite ver puntos de vista opuestos y llegar a conclusiones por nuestra cuenta. Gracias a la receptividad comprendemos en profundidad cosas que se nos habían escapado durante toda la vida. Es el principio que nos permite participar en una discusión sin saltar directamente a las conclusiones ni prejuzgar lo que está bien y lo que está mal. Ya no es necesario que nos pongamos en ridículo defendiendo

---

*HOW (cómo) en el original; iniciales en inglés de honestidad, receptividad y buena voluntad.

virtudes inexistentes. Hemos aprendido que no tenemos por qué saber todas las respuestas, ya que así nos pueden enseñar y podemos aprender a vivir una nueva vida con éxito. La receptivad sin buena voluntad, sin embargo, no nos llevará a ninguna parte. Tenemos que estar dispuestos a hacer lo que sea necesario para recuperarnos. No sabemos cúando llegará el momento de tener que utilizar toda nuestra fuerza sólo para mantenernos limpios.

La honestidad, la receptividad y la buena voluntad funcionan mano a mano. La falta de alguno de estos principios en nuestro programa personal puede llevarnos a una recaída que sin duda hará más difícil y dolorosa la recuperación cuando podía haber sido sencilla. Este programa es parte esencial de nuestra vida diaria. Si no fuera por él, la mayoría estaríamos muertos o internados en instituciones. Nuestro punto de vista cambia; antes era el de un solitario, ahora es el de un miembro. Insistimos en la importancia de poner nuestra casa en orden porque nos brinda alivio. Confiamos en que nuestro Poder Superior nos dé la fortaleza para satisfacer nuestras necesidades.

Una de las formas de practicar los principios del CÓMO es hacer un inventario diario. El inventario nos permite reconocer nuestro crecimiento día tras día. Mientras nos esforzamos por eliminar nuestros defectos, no debemos olvidar nuestras cualidades. El viejo autoengaño y egocentrismo pueden ser reemplazados por principios espirituales.

Mantenernos limpios es el primer paso para enfrentar nuestra vida. Cuando practicamos la aceptación ésta se simplifica. En el momento en que surjan problemas, esperamos estar bien equipados con las herramientas del programa. Tenemos que rendirnos honestamente ante nuestro egocentrismo y autodestrucción. En el pasado, creíamos que la desesperación nos daría la fuerza para sobrevivir. Ahora aceptamos la responsabilidad de nuestros problemas y vemos que somos igualmente responsables de las soluciones.

Como adictos en recuperación, llegamos a conocer la gratitud. A medida que nuestros defectos son eliminados, tenemos la libertad de convertirnos en todo aquello que podamos ser. Nos transformamos en nuevos individuos, conscientes de nosotros y con capacidad para ocupar nuestro lugar en el mundo.

Al vivir los pasos, empezamos a desprendernos de nuestra autoobsesión. Le pedimos a nuestro Poder Superior que nos quite el miedo de enfrentarnos a nosotros y a la vida. Nos redefinimos trabajando los pasos y usando las herramientas de recuperación. Nos vemos de un modo diferente. Nuestra personalidad cambia. Nos convertimos en personas sensibles, capaces de responder a la vida adecuadamente. Ponemos nuestra vida espiritual en primer término y aprendemos a utilizar la paciencia, la tolerancia y la humildad en nuestros asuntos cotidianos.

Las personas que nos rodean nos ayudan a desarrollar una actitud cariñosa y confiada; exigimos menos y damos más. Somos más lentos para irritarnos y más rápidos para perdonar. Aprendemos qué significa el amor que recibimos en nuestra confraternidad. Comenzamos a sentir que nos pueden querer, sentimiento éste totalmente extraño a nuestra vieja personalidad egocéntrica.

El *ego* nos controlaba de múltiples y sutiles maneras. La ira es nuestra forma de reaccionar a la realidad presente. Los resentimientos son revivir una y otra vez las experiencias del pasado. El miedo es nuestra respuesta al futuro. Tenemos que estar dispuestos a dejar que Dios nos quite estos defectos que pesan sobre nuestro crecimiento espiritual.

Podemos acceder a nuevas ideas compartiendo nuestra experiencia vital. Si practicamos rigurosamente las sencillas pautas indicadas en este capítulo, nos recuperamos día a día. Los principios del programa forman nuestra personalidad.

Tras el aislamiento de nuestra adicción activa, descubrimos una confraternidad de personas con un lazo en común: la recuperación. N.A. es como un bote salvavidas en el mar del aislamiento, la desesperación y el caos destructivo. Nuestra fe, fortaleza y esperanza proceden de personas que comparten su recuperación y de nuestra relación con Dios tal como lo concebimos. Al principio, resulta incómodo compartir nuestros sentimientos. El dolor de la adicción proviene en parte de estar desconectados de esta experiencia de compartir. Si nos encontramos en una situación difícil o sentimos que se avecinan problemas, llamamos a alguien o vamos a una reunión. Aprendemos a pedir ayuda antes de tomar decisiones difíciles. Si somos humildes y pedimos ayuda, podemos superar los momentos más duros. ¡Yo solo no puedo, nosotros sí! De esta forma encontramos la fortaleza que necesitamos. Al compartir nuestros recursos mentales y espirituales, hacemos causa común.

Compartir en las reuniones o individualmente con adictos en recuperación nos ayuda a mantenernos limpios. Asistir a las reuniones nos recuerda lo que es ser nuevo y la naturaleza progresiva de nuestra enfermedad. Asistir a nuestro grupo habitual nos proporciona el estímulo de las personas que conocemos. Nos apoya en nuestra recuperación y nos ayuda en nuestra vida cotidiana. Cuando contamos nuestra historia honestamente, otra persona puede identificarse con nosotros. Servir a las necesidades de nuestros miembros y poner el mensaje a disposición de todos, nos llena de alegría. El servicio nos da la oportunidad de crecer en todos los aspectos de nuestra vida. Nuestra experiencia en recuperación puede ayudar a otros con sus problemas; quizás les funcione lo que nos ha funcionado a nosotros. La mayoría de los adictos incluso desde el principio puede aceptar este tipo de participación. Salir juntos después de la reunión, es una buena ocasión para compartir lo que no se ha llegado a conversar en ella. También es una buena oportunidad para hablar con nuestro padrino. Surgirán las cosas que necesitamos oír y las veremos con mayor claridad.

Compartir la experiencia de recuperación con los recién llegados, nos ayudará a mantenernos limpios. Compartimos con los demás consuelo y aliento. Hoy en día hay personas que nos apoyan. Al perder nuestro egocentrismo obtenemos una perspectiva mejor de nuestra vida. Si pedimos ayuda, podemos cambiar. A veces compartir es arriesgado, pero el convertirnos en seres vulnerables nos permite crecer.

Algunos llegarán a Narcóticos Anónimos con intención de seguir usando a las personas para que los ayuden a continuar con su hábito. Su falta de receptividad es una barrera contra el cambio. La receptividad, en cambio, asociada a la admisión de nuestra impotencia, es la llave que abrirá la puerta de la recuperación. Si alguien con un problema de drogas y buena voluntad se acerca a nosotros en busca de recuperación, compartimos con gusto cómo nos mantenemos limpios.

A medida que ayudamos a los demás a encontrar una nueva forma de vida, desarrollamos la autoestima. Cuando evaluamos honestamente lo que tenemos, aprendemos a apreciarlo. Pertenecer a N.A. hace que empecemos a sentir que valemos la pena. Podemos llevar a todas partes los beneficios de la recuperación. Los Doce Pasos de Narcóticos Anónimos son un proceso de recuperación progresivo integrado en nuestra vida diaria. La recuperación continuada depende de nuestra relación con un Dios bondadoso que nos cuida y hace por nosotros lo que sabemos que es imposible que hagamos por nuestra cuenta.

En el transcurso de nuestra recuperación, cada uno llega a su propia comprensión del programa. Si tenemos dificultades, confiamos en que nuestros grupos, nuestro padrino y nuestro Poder Superior nos guíen. De este modo, la recuperación que encontramos en Narcóticos Anónimos procede tanto de dentro como de fuera.

Vivimos día a día, pero también de momento en momento. Cuando dejamos de vivir aquí y ahora, nuestros problemas se magnifican de manera exagerada. La paciencia no es nuestro punto fuerte. Por esta razón necesitamos nuestros lemas y nuestros amigos de N.A., para que nos recuerden vivir el programa sólo por hoy.

Puedes decirte:

SÓLO POR HOY pensaré en mi recuperación viviendo y disfrutando la vida sin consumir drogas.

SÓLO POR HOY confiaré en alguien de N.A. que crea en mí y quiera ayudarme en mi recuperación.

SÓLO POR HOY tendré un programa y trataré de seguirlo lo mejor que pueda.

SÓLO POR HOY a través de N.A. intentaré tener una mejor perspectiva de mi vida.

SÓLO POR HOY no tendré miedo, pensaré en mis nuevas amistades, gente que no consume y que ha encontrado un nuevo modo de vivir. Mientras siga este camino no tengo nada que temer.

CAPÍTULO DIEZ

ALGO MÁS SERÁ REVELADO

A medida que nuestra recuperación progresaba, cada vez tomábamos más conciencia de nosotros mismos y del mundo que nos rodeaba. Nuestros deseos y necesidades, nuestras cualidades y nuestras flaquezas nos eran revelados. Terminamos por darnos cuenta de que no teníamos el poder de cambiar el mundo exterior, sólo podíamos cambiarnos a nosotros. El Programa de Narcóticos Anónimos, a través de ciertos principios espirituales, nos ofrece la posibilidad de aliviar el dolor de vivir.

Hemos sido muy afortunados de poder contar con este programa. Antes, muy poca gente reconocía la adicción como una enfermedad. La recuperación sólo era un sueño.

La vida responsable, productiva y libre de drogas de miles de miembros ilustra la eficacia de este programa. Hoy en día, la recuperación para nosotros es una realidad. Al trabajar los pasos, reconstruimos una personalidad fracturada. Narcóticos Anónimos es un entorno saludable para nuestro crecimiento. En el seno de la confraternidad, nos queremos, nos cuidamos mutuamente y todos nos apoyamos en esta nueva forma de vida.

A medida que maduramos, llegamos a comprender que la humildad es la aceptación tanto de nuestras cualidades como de nuestras debilidades. Lo que más deseamos es sentirnos bien con nosotros mismos. Hoy en día podemos sentir de verdad amor, alegría, esperanza, tristeza, entusiasmo. Nuestros sentimientos ya no son las viejas sensaciones producidas por las drogas.

A veces, incluso tras cierto tiempo en el programa, de pronto nos encontramos atrapados por nuestras viejas ideas. Los principios básicos siempre son importantes para la recuperación. Tenemos que evitar las viejas formas de pensar, tanto las viejas ideas como nuestra tendencia a la complacencia. No podemos darnos el lujo de ser complacientes, porque nuestra enfermedad nos acompaña veinticuatro horas al día. Si al practicar estos principios nos permitimos sentirnos superiores o inferiores, nos aislamos. Cuando nos sentimos alejados de los otros adictos, vamos directo a los problemas. Separarnos del ambiente de recuperación y del espíritu de servicio a los demás, frena nuestro crecimiento espiritual. La complacencia nos aparta de la buena voluntad, el amor y la compasión.

Si no estamos dispuestos a escuchar a los demás, negamos la necesidad de mejorar. Aprendemos a ser más flexibles y a reconocer cuando los otros tienen razón y cuando estamos equivocados nosotros. A medida que nuevas cosas se revelan, nos sentimos renovados. Necesitamos mantener una mente abierta y una buena disposición para hacer ese pequeño esfuerzo extra, ir a una reunión de más, quedarnos un minuto más contestanto el teléfono, ayudar al recién llegado a mantenerse limpio un día más. Este esfuerzo extra es vital para nuestra recuperación.

Por primera vez llegamos a conocernos a nosotros mismos. Sentimos cosas nuevas: queremos y nos quieren, sabemos que la gente se preocupa por nosotros, sentimos interés y compasión por los otros. Nos sorprendemos haciendo y disfrutando cosas que nunca pensamos hacer. Cometemos errores y los aceptamos, aprendemos de ellos. Experimentamos el fracaso y aprendemos a tener éxito. A veces, en recuperación, tenemos que enfrentar algún tipo de crisis, como la muerte de un ser querido, dificultades económicas o un divorcio. Son realidades de la vida y no desaparecen porque estemos limpios. Algunos, incluso tras años de recuperación, nos quedamos sin trabajo, sin casa o sin dinero. Empezamos entonces a alimentar la idea de que estar limpios no valía la pena y nuestra vieja forma de pensar se ocupó de estimular la autocompasión, el resentimiento y la ira. Pese a lo dolorosas que puedan ser las tragedias de la vida, hay una cosa que está clara: ¡no debemos consumir, pase lo que pase!

Éste es un programa de abstinencia completa. Hay veces, sin embargo, que en casos de problemas de salud que requieran cirugía y/o en casos de lesiones físicas graves, la medicación puede ser válida. Esto no autoriza a consumir. Para nosotros no existe un método seguro de consumir drogas. Nuestro cuerpo no reconoce la diferencia entre las drogas recetadas por el médico para calmar el dolor y las que nos recetamos nosotros para "volar". Los adictos, en situaciones como ésta, tenemos nuestro talento para autoengañarnos en su punto más alto. A menudo nuestra mente fabricará más dolor como excusa para consumir. Ponernos en manos de nuestro Poder Superior y recurrir al apoyo de nuestro padrino y otros miembros puede impedir que nos convirtamos en nuestros peores enemigos. Si nos quedáramos solos en una situación semejante, le daríamos a nuestra enfermedad la oportunidad de tomar el mando. Compartir honestamente disipa nuestro temor a recaer.

Una enfermedad grave o una operación quirúrgica pueden presentar problemas especiales para nosotros. Los médicos deben estar al corriente de nuestra adicción. Recordemos que somos nosotros, y no los médicos, los máximos responsables de nuestra recuperación y de nuestras decisiones. Para reducir el peligro al mínimo existen varias opciones específicas que podemos considerar: usar anestesia local, evitar nuestra droga favorita, dejar de tomar calmantes aunque todavía sintamos dolor, quedarnos algunos días más en el hospital en caso de síndrome de abstinencia.

Cualquier dolor que sintamos, pasará. Mediante la oración, la meditación y compartiendo con otros, llegamos a olvidar nuestro malestar y obtenemos la fortaleza necesaria para mantener nuestras prioridades en orden. Si es posible, es imprescindible rodearnos todo el tiempo de miembros de N.A.

Es impresionante cómo nuestra mente vuelve a sus viejos hábitos y pensamientos. Te sorprenderás de la capacidad de resistencia al dolor que se puede tener sin medicación. En este programa de abstinencia total, sin embargo, en caso de dolor físico extremo no debemos sentirnos culpables por haber tenido que tomar una dosis mínima de medicamentos recetados por un profesional informado.

En recuperación crecemos a través del dolor y a menudo descubrimos que tales crisis son un don, una oportunidad para madurar y vivir limpios. Antes de nuestra recuperación, éramos incapaces siquiera de concebir la idea de que los problemas fueran un don. Puede que el don consista en descubrir fortaleza dentro de nosotros o recuperar el sentimiento de respeto por nosotros mismos que habíamos perdido.

El crecimiento espiritual, el amor y la compasión son principios en potencia, inútiles hasta que no los compartimos con otro adicto. Al ofrecer amor incondicional en la confraternidad nos convertimos en personas más cariñosas, y al compartir el crecimiento espiritual, nos volvemos más espirituales.

Cuando llevamos este mensaje a otro adicto, recordamos nuestros propios comienzos. La oportunidad de recordar viejos sentimientos y comportamientos nos permite ver nuestro crecimiento espiritual y personal. Cuando contestamos las preguntas de otros, nuestro propio pensamiento se torna más claro. Los miembros más nuevos son una fuente constante de esperanza que nos recuerda siempre que este programa funciona. Cuando trabajamos con los recién llegados, tenemos la oportunidad de vivir todo lo que hemos aprendido estando limpios.

Hemos aprendido a valorar el respeto de los demás. Nos alegra que la gente confíe en nosotros. Por primera vez en nuestra vida, es posible que nos pidan ocupar puestos de responsabilidad en organizaciones de la comunidad fuera de N.A. Personas no adictas nos solicitan y valoran nuestras opiniones en terrenos que no tienen nada que ver con la adicción ni la recuperación. Podemos disfrutar de nuestra familia de una manera nueva y convertirnos en un motivo de orgullo en lugar de ser una vergüenza o una carga. Hoy en día pueden enorgullecerse de nosotros. Nuestros intereses personales pueden ampliarse a cuestiones políticas y sociales. Las aficiones y el tiempo libre nos proporcionan nuevos placeres. Saber que además de nuestro valor como adictos en recuperación también somos valiosos como seres humanos, nos hace sentir bien.

El refuerzo recibido por el padrinazgo es ilimitado. Nos pasamos años aprovechándonos de los demás de todas las formas imaginables. No se puede describir con palabras la conciencia espiritual que obtenemos al dar algo —por pequeño que sea— a otra persona.

Cada uno de nosotros somos los ojos y los oídos del otro. Cuando nos equivocamos, nuestros compañeros nos ayudan a mostrarnos lo que no podemos ver. A veces estamos enganchados a nuestras viejas ideas. Si queremos conservar nuestro entusiasmo y crecer espiritualmente, tenemos que revisar constantemente nuestros sentimientos y pensamientos. Este entusiasmo contribuirá en nuestra recuperación progresiva.

Hoy en día tenemos la libertad de elegir. A medida que trabajamos el programa lo mejor que podemos, se elimina la autoobsesión. El amor y la seguridad de la confraternidad reemplazan gran parte de nuestro temor y soledad. Ayudar a un adicto que sufre es una de las experiencias más grandes que la vida nos puede ofrecer. Estamos dispuestos a ayudar. Hemos vivido experiencias similares y comprendemos a los adictos mejor que nadie. Ofrecemos esperanza porque sabemos que esta nueva forma de vida ya es una realidad para nosotros y damos amor porque nosotros también lo recibimos libremente. A medida que aprendemos a amar, se abren nuevas fronteras ante nosotros. El amor puede ser el flujo de energía vital de una persona a otra. Al compartir, preocuparnos y rezar por los demás, nos convertimos en parte de ellos. A través de la identificación, permitimos que los adictos se conviertan en parte de nosotros.

Al hacerlo, pasamos por una experiencia espiritual vital que nos transforma. Desde un punto de vista práctico, los cambios se producen porque lo que es apropiado para una fase de la recuperación, puede no serlo para otra. Dejamos constantemente de lado lo que ya ha cumplido su objetivo y permitimos que Dios nos guíe en la presente etapa mostrándonos lo que funciona aquí y ahora.

A medida que dependemos más de Dios y aumenta nuestra autoestima, comprendemos que no tenemos que sentirnos superiores ni inferiores a nadie. Nuestro auténtico valor consiste en ser nosotros mismos. El *ego*, tan grande y dominante en el pasado, pasa ahora a segundo plano porque estamos en armonía con un Dios bondadoso. Cuando nos desprendemos de nuestra terquedad, descubrimos que tenemos una vida más valiosa, feliz y muchísimo más llena.

Somos capaces de tomar decisiones sensatas y afectuosas, basadas en los principios e ideales que tienen auténtico valor en nuestra vida. Al moldear nuestros pensamientos con ideales espirituales, tenemos la libertad de convertirnos en quienes queremos ser. Ahora podemos superar lo que antes nos daba miedo, gracias a depender de un Dios bondadoso. La fe ha reemplazado nuestro temor y nos ha liberado de nosotros mismos.

En nuestra recuperación también nos esforzamos por sentir gratitud. Estamos agradecidos por la constante presencia de Dios en nuestra conciencia. Cuando afrontamos una dificultad que pensamos que no podemos resolver, pedimos a Dios que haga por nosotros lo que nosotros mismos no podemos.

El despertar espiritual es un proceso continuo. A medida que crecemos espiritualmente ampliamos nuestra perspectiva de la realidad. Abrir nuestra mente a nuevas experiencias físicas y espirituales es la clave para mejorar nuestra conciencia. A medida que crecemos espiritualmente, estamos en mayor armonía con nuestros sentimientos y nuestro propósito en la vida.

Al querernos a nosotros mismos, somos capaces de querer de verdad a los demás. Este es el despertar espiritual que aparece como resultado de vivir el programa. ¡Nos atrevemos a interesarnos en los demás y a querer!

Las funciones mentales y emocionales más elevadas, como la conciencia y la capacidad de amar, estaban seriamente afectadas por nuestro consumo de drogas. El arte de vivir se había reducido a un nivel animal. Nuestro espíritu estaba hecho pedazos y habíamos perdido la capacidad de sentirnos humanos. Parece una exageración, pero muchos hemos estado en este estado mental.

Con el tiempo, y a través de la recuperación, nuestros sueños se hacen realidad. No queremos decir que necesariamente vayamos a hacernos ricos y famosos. Sin embargo, si cumplimos la voluntad de nuestro Poder Superior, en recuperación los sueños se hacen realidad.

Uno de los milagros continuos de la recuperación es que nos convertimos en miembros productivos y responsables de la sociedad. Tenemos que entrar con cuidado en terrenos que puedan inflar nuestro *ego* o que puedan exponernos a situaciones de prestigio y manipulación difíciles para nosotros. Hemos descubierto que la forma de continuar siendo miembros responsables y productivos de la sociedad es poner nuestra recuperación en primer lugar. N.A. puede sobrevivir sin nosotros, pero nosotros no podemos sobrevivir sin N.A.

Narcóticos Anónimos ofrece sólo una promesa: liberarnos de la adicción activa, la solución que durante tanto tiempo nos ha esquivado. Saldremos de la prisión que nosotros mismos construimos.

Al vivir sólo por hoy, no hay manera de que sepamos lo que nos va a pasar. A menudo nos sorprende la forma en que se resuelven nuestras cosas. Nos recuperamos aquí y ahora; el futuro se convierte en un viaje emocionante. Si al llegar al programa hubiéramos hecho una lista de nuestras expectativas, nos habríamos quedado cortos. Los problemas irremediables de la vida se han transformado alegremente. Nuestra enfermedad ha sido detenida y ahora todo es posible.

Cada vez nos volvemos más receptivos y nos abrimos a nuevas ideas en todos los terrenos de nuestra vida. Si escuchamos atentamente, oímos cosas que nos funcionan. La capacidad de escuchar es un don y crece a medida que crecemos espiritualmente. La vida adquiere un nuevo significado cuando nos abrimos a este don. Para poder recibir, tenemos que estar dispuestos a dar.

En recuperación cambia nuestra idea de la diversión. Hoy en día tenemos la libertad de disfrutar las cosas simples de la vida, tales como la amistad y vivir en armonía con la naturaleza. Ahora somos libres para desarrollar una nueva concepción de la vida. Al mirar atrás, estamos agradecidos de nuestra nueva vida. Es tan diferente de todo lo que nos trajo a este programa.

Cuando consumíamos, pensábamos que nos divertíamos y que los que no lo hacían se privaban de ello. La espiritualidad nos permite vivir plenamente y sentirnos agradecidos de lo que somos y de lo que hacemos. Desde el principio de nuestra recuperación descubrimos que la felicidad no proviene de las cosas materiales sino de nosotros mismos. Sabemos que cuando perdemos la autoobsesión, podemos comprender qué significa la felicidad, la alegría y la libertad. Compartir con el corazón nos proporciona una dicha indescriptible; ya no tenemos que mentir para que nos acepten.

Narcóticos Anónimos ofrece a los adictos un programa de recuperación que significa mucho más que vivir sin drogas. Esta forma de vida no sólo es mejor que el infierno en el que vivíamos, sino que es mejor que todo lo que habíamos conocido hasta ahora.

Hemos descubierto una salida y vemos que a los demás les funciona. Cada día revelará algo más.

LIBROS RECOMENDADOS

- El Sistema Para Alcanzar El Exito Que Nunca Falla, W. Clement Stone

- El Secreto Mas Raro, Earl Nightingale

- El Arte de la Guerra, Sun Tzu

- Esto Funciona!, R.H. Jarrett

- Como un Hombre Piensa Asi es Su Vida, James Allen

- Alcoholicos Anonimos

Disponibles en www.snowballpublishing.com

Printed in the USA
CPSIA information can be obtained
at www.ICGtesting.com
CBHW021909050724
11029CB00001B/3